Gustav Bauch

Über die Historia Romana des Paulus Diaconus

Eine Quellenuntersuchung

Gustav Bauch

Über die Historia Romana des Paulus Diaconus
Eine Quellenuntersuchung

ISBN/EAN: 9783743362949

Hergestellt in Europa, USA, Kanada, Australien, Japan

Cover: Foto ©ninafisch / pixelio.de

Manufactured and distributed by brebook publishing software (www.brebook.com)

Gustav Bauch

Über die Historia Romana des Paulus Diaconus

UEBER DIE

HISTORIA ROMANA

DES

PAULUS DIACONUS.

EINE QUELLENUNTERSUCHUNG.

von

GUSTAV BAUCH
DR. PHIL.

GÖTTINGEN,
VERLAG VON ROBERT PEPPMÜLLER.
1873.

Einleitung.

Selten hat ein Misgeschick einen Schriftsteller so beharrlich verfolgt wie den Paulus Diakonus als Verfasser der historia romana. In den ersten Büchern seines Werkes oft mit Eutrop [1]) verwechselt, wurde er dann wieder in den späteren bis auf Champollion-Figeac mit der Ueberarbeitung seiner Geschichte, der sogenannten historia miscella [2]) zusammengeworfen, ein Irrthum, welcher heut noch nicht zu spuken aufgehört hat [3]).

Der von Champollion-Figeac aufgefundene und veröffentlichte Widmungsbrief [4]) des Paulus brachte zuerst Licht in diese Sache, aber erst Papencordt [5]) stellte gestützt auf einen reichen handschriftlichen Apparat in seiner Besprechung der Quellen zur vandalischen Geschichte das Verhältnis des Paulus zu den beiden Autoren klar hin. Seine Ergebnisse nahm Beth-

---

[1]) Alle Ausgaben des Eutrop vor derjenigen von Schonov 1546 vergl. unten.

[2]) vergl. historiae Augustae scriptores ed. Janus Gruterus Hanoviae 1611, Eutrop. Basileae 1532, historia miscella Basileae 1569 und ed. Canisius Ingolst. 1603.

[3]) W. Giesebrecht de literarum studiis in Italia. Berlin 1845, p. 9. Pauli diaconi, qui... Eutropi historias... usque ad Justiniani tempora perduxit, in eam denique formam redegit, qua legatur in historia, quae miscella vocatur.

Auch Bethmann Archiv d. Gesch. f. ä. d. Gesch. X, p. 309 scheint darein zurückzufallen, indem er die hist. trip. als Quelle des Paulus aufführt.

[4]) L'ystoire de li Normant Paris 1835 proleg. XXIV.

[5]) Geschichte der vandalischen Herrschaft in Afrika. Berlin 1837 p. 394 ff.

mann [1]) auf und vervollständigte sie so, dass wir uns hier kurz fassen können und nur die Resultate der beiden Forscher zusammenzustellen nöthig haben.

Paulus um das Jahr 730 in Aquileja oder Forojuli [2]) geboren, wurde in Pavia am Hofe des Königs Ratchis erzogen und erhielt dort eine vorzügliche Bildung. Später hielt er sich bei Arichis von Benevent, dem Gemahl der Tochter des Desiderius Adelperga, auf und schrieb als Leiter der Studien der Herzogin zwischen 766 und 782 [3]) auf ihren Wunsch seine römische Geschichte.

Der Herzogin hatte Eutrop, wegen seiner Kürze und weil von der heiligen Geschichte nichts darin erwähnt war, nicht genügt [4]) und so suchte P. ihrem Begehren zu entsprechen,

---

[1]) a. a. O. 254 ff.

[2]) Bethmann p. 255. Lib. IV, cp. 38 der Longobardengeschichte zeugt nicht mehr für Forojuli als die häufige Erwähnung Aquileja's in der hist. rom. vergl. u. a. Muratori SS. rerum Italic I, p. 97. Die Erzählung des freiwilligen Todes der Jungfrau Digna. p. 100: ac primum juxta Sontium flumen, quod non longe ab Aquileja labitur castra componens, dum uberrimis, quae eo loco habentur pascuis....

[3]) Für die Abfassungszeit vor dem Aufenthalt des P. in Frankreich spricht auch, dass in seinem Werke die Franken gar nicht berührt werden.

[4]) vergl. den Widmungsbrief des P. an Adelperga, abgedruckt bei Champollion-Figeac a. a. O., in Endlicher's catalog. cod. philol. biblioth. vindob. palat. I, p. 306, bei Papencordt p. 398 und neuerdings bei Hartel (Sitzungsberichte d. kais. Ak. d. W. in Wien, Aprilheft 1872) p. 294. Dieser sagt: hoc tibi in ejus textu praeter inmodicam etiam brevitatem displicuit, quia utpote vir gentilis in nullo divinae historiae cultusque nostri fecerit mentionem. Placuit itaque tuae excellentiae, ut eandem historiam paulo latius congruis locis extenderem eique aliquid ex sacrae scripturae textu, quo ejus narrationis tempora evidentius clarerent, aptarem. At ego.... imperata... arripui. Ac primo paulo superius ab ejusdem textu historiae narrationem capiens eamque pro loci merito extendens, quaedam etiam temporibus ejus congruentia ex divina lege interserens, eandem sacratissimae historiae consonam reddidi. Et quia Eutropius usque ad Valentis tantummodo imperium narrationis suae in ea seriem deduxit, ego deinceps meo ex majorum dictis stilo subsecutus sex in libellis superioribus in quantum potui haud dissimilibus usque ad Justiniani tempora perveni....

indem er den Eutrop aus Orosius, Hieronymus, Aurelius Victor, Jordanis, Frontin und in einer kleinen Anzahl Stellen aus ähnlichen Schriftstellern, welche sich nicht mehr nachweisen lassen, interpolirte [1]). Hierbei können wir Papencordt vollständig Recht geben, wenn er sagt, dass man schwerlich in diesem Theile neue und wichtige Angaben aufzeigen könnte. P. setzte dann den Eutrop in sechs Büchern bis auf die Zeit Justinian's, bis zum Jahre 553, fort. Er schöpfte dabei hauptsächlich aus Orosius, Hieronymus, Prosper, Aurelius Victor, Beda aus dem liber pontificalis, Jordanis, aus der vita des Epiphanius, dem Panegyrikus des Ennodius, der vita des Severin, Isidor, aus den Dialogen Gregors des Grossen, Marcellinus comes, Cassiodor's Chronik und anderen annalistischen Aufzeichnungen, deren Ursprung sich nicht immer genau angeben lässt [2]).

Dieses Werk in sechzehn Büchern erfuhr dann wieder eine Ueberarbeitung durch den handschriftlich genannten aber sonst unbekannten Landulphus Sagax, welcher den ganzen Paulus (nur mit Ausscheidung derjenigen Stücke, welche er durch ausführlichere ersetzte) aufnahm, ihn aber aus Orosius, Aurelius Victor, Nepotianus, Jordanis, historia tripartita, der Kirchengeschichte des Anastasius und der des Rufinus, und aus der Longenbardengeschichte des Paulus vervollständigte und bis zu dem Jahre 813 in 26 Büchern [3]) fortsetzte. Vom achtzehnten Buche [4]) des Muratorischen Textes ab folgt wörtlich der Text des Anastasius. Das ganze Werk ist eine me-

---

[1]) Mansi hat in Zacharia iter litteraria per Italiam p. 21 nur einen Zusatz (Muratori SS. r. J. I, 1 p. 3 huic successit — sua arsit) und diesen nicht nach den Quellen nachgewiesen. Nicht alle wie Bethmann p. 309 meint.

[2]) Die Benutzung des Victor Tunnunensis ist nicht zu erweisen (Papencordt p. 414, Bethmann p. 309). vergl. unten Isidor.

[3]) Der Muratorische Text zählt deren nur 24, weil durch die von Papencordt neuerdings beigebrachte, aber schon von Janus Gruterus (SS. hist. Aug.) notae p. 80—88 abgedruckte Lücke zwei Buchanfänge wegfallen.

[4]) Nicht vom siebzehnten, wie Papencordt p. 415 sagt

chanische Compilation, nur an sehr wenigen Punkten ist eine selbständige Thätigkeit ersichtlich, oft sind nicht einmal die Verbindungspartikeln dem Sinne gemäss geändert. Es lässt sich jedes Wort herleiten, so dass diese historia miscella höchstens zur Textverbesserung [1]) der benutzten Schriftsteller zu gebrauchen ist, wie Papencordt richtig bemerkt. Als Ausgabe der historia romana gilt gewöhnlich das, was in der Muratorischen Ausgabe der historia miscella im Texte mit grader und unter dem Texte in Cursivschrift zu lesen ist. Ist hier schon die Uebersicht bei dem fehlenden Zusammenhange sehr erschwert, so ist auch ausserdem die Handschrift A., welche unseren Autor vorstellt, wie wir gleich zu bemerken haben werden, mangelhaft. Ich werde trotzdem nach den Seitenzahlen dieser Ausgabe citiren, weil sie die bekannteste zu sein scheint. Noch weniger genügt die Zusammenstellung aus den Klammern und Noten der historia miscella von Eyssenhardt [2]).

Die Ausgaben der reinen historia romana scheinen fast gänzlich in Vergessenheit gerathen zu sein [3]), und doch ist ihre Zahl nicht gering. Dieselben gehen auf drei Handschriften-Recensionen zurück, welche den Text theils in unvollständiger, theils in vollständiger, theils aber auch in interpolirter Gestalt geben. Es wird bei einer neuen wünschenswerthen Herausgabe darauf ankommen, die Handschriften in Rücksicht hierauf zu ordnen und zu benutzen. Gemeinschaftlich haben alle Ausgaben, dass sie nicht sechs Bücher der selbständigen Fortsetzung des P., sondern acht zählen. Das achtzehnte Buch [4]) ist eine werthlose, grösstentheils aus der Lon-

---

[1]) vergl. z. B. Muratori p. 33 videbatur fretus inire bellum, wo Halm: Nepotianus de religione simulata: mire ad bellum fretus und Kampf: mire illo fretus, conjiciren.
[2]) Berlin 1869.
[3]) Bethmann p. 310 und Potthast biblioth. hist. med. aevi p. 486 kennen keine.
[4]) vergl. Papencordt 403. Muratori p. 179 druckt dasselbe als additamentum zur hist. misc. (irrthümlich nunc primum) ab, unter dem Namen des Landulphus Sagax.

gobardengeschichte des P. herrührende Compilation und als solche von der historia romana zu trennen. Für die übrigen Bücher giebt die richtige Zählung Muratori's A., doch werde ich, weil diesem Drucke besonders hierin die Uebersichtlichkeit abgeht, nach der gewöhnlichen Eintheilung die Bücherzahl citiren [1]). Diese acht Bücher werden unter dem Namen des P. gewöhnlich als de gestis Romanorum oder historiae italicae provinciae et Romanorum abgedruckt, die ersten zehn, wie schon oben erwähnt, bis auf Schonov als Eutrop's breviarium; nach Schonov sind diese letzteren in der von P. gegebenen Form überhaupt nicht mehr erschienen. Wogegen die acht Bücher der paulinischen Fortsetzung öfter dem reinen Eutrop angefügt worden sind. Am häufigsten ist die hist. rom. als Eutrop-Paulus in den Sammlungen der scriptores historiae Augustae herausgegeben worden.

Die editio princeps der hist. rom. ist die sogenannte ed. princ. des Eutrop 1) Romae 1471 [2]); 2) Mediol. 1475 [3]); 3) Venet. 1480 [3]); 4) 1489 per Bernardinum Novariensem [4]); 5) Venet. 1490 per Joan. Rubeum de Vercellis [4]); 6) Parisiis 1512 per Nicol. Maillardum [5]); 7) Florentiae 1517 op. et sumptu Philippi

---

[1]) Man wird mir diese Inconsequenz verzeihen, wenn man einen Blick auf die Bucheintheilung in den Noten bei Muratori wirft.

[2]) Nach Fabricus biblioth. latina (ed. J. A. Ernesti) Lipsiae 1774, p. 133 unter den SS. hist. Aug., nach Maittere, Annal. typogr. I, 1 p. 307 und Hain repertor. bibliogr. I, 2. p. 330 als Eutrop-Paulus citirt.

[3]) Fabricus a. a. O.

[4]) Fabricus a. a. O. vergl. auch Franciscus de Licteriis catalog. biblioth. borbon. III, p. 91.

[5]) Fabricus a. a. O. führt noch an Paris 1512 ap. Gormontium (setzt auch ed. Nicol. Maillardi 1513). Dies scheint auf einer Verwechselung mit der obigen Ausgabe zu beruhen. Hinter der Vorrede der Maillardschen steht Parisiis 1513; am Schlusse des Buches quae omnia emunctis ab Egidio Gourmont caracteribus in Alma parrhysiorum Lutetia Anno a salutis inc. 1512, XV. Kalendas Apriles impressa sunt. Die Ausgabe Maillards ist die erste diesseits der Alpen, da die Ausgabe: Cracoviae 1510 Mich. Coccinio curante nur die 10 Bücher des Eutrop in der interpolirten Gestalt giebt.

Juntae [1]); ex recensione Des. Erasmi Rot. [2]); 8) Basileae 1518; 9) Venet. 1521; 10) Coloniae 1527; 11) Basileae 1532; 12) Parisiis 1531 ap. Sim. Colinaeum (zwei getrennte Bücher). Hierzu kommen die Ausgaben, welche die späteren (acht) Bücher des P. dem reinen Eutrop anhängen. Von diesen sind wir bekannt geworden: 13) Parisiis 1560 apud Hieronymum de Marnef; 14) Lugduni Batavor. 1592 ap. L. Elzevir ed. Merula [3]); 15) Lugduni 1594 apud Francum Fabrum; 16) Ebroduni 1621 [4]); 17) Genevae 1623 [4]); 18) Heidelbergae 1743 ed. Casp. Haurisio [5]).

Es ist mir leider nur möglich von diesen Ausgaben diejenigen, welche mir auf der hiesigen Bibliothek und in Breslau vorgelegen haben, nach den oben erwähnten Textrecensionen zu gruppiren.

Den unvollständigen Text repräsentiren die Handschrift A. Muratori's und Eyssenhardt's B. und V. Sie zeigen schon in den ersten zehn Büchern Lücken, auf welche wir in der Besprechung zurückkommen werden, am besten erkennen wir die Fehler dieser Klasse (wenn wir auf die Exemplare Rücksicht nehmen, welche nur das selbständige Werk des P. bringen) bei Betrachtung der Stelle, welche die Theilung der Gothen in Ost- und Westgothen berichtet. Hier heisst es [6]): temporibus Valentiniani superioris Augusti cum intra Thraciae fines Gothorum tunc populi communiter habitarent et bifarie per Alaricum regiones ab occidente Visigothi id est occidentales sunt appellati [7]). Den lückenlosen Text geben 8, 9, 10, 11, 12, 13, 14, 15, 16, 17, 18. Ausserdem schiebt die dritte Familie am Ende des siebenten Buches [8]) zwischen Stadium

---

[1]) Panzer Annal. typogr. VII, p. 26.
[2]) Unter SS. hist. Aug.
[3]) vergl. Hain a. a. O.
[4]) Unter SS. histor. roman. latini.
[5]) SS. hist. Aug. tom. II.
[6]) Muratori p. 99. Eyssenhardt p. 343.
[7]) Die vollständige, richtige Lesart geben wir unten bei Besprechung des Jordanis.
[8]) Muratori p. 59.

und verum und im neunten Buche [1]) zwischen referri und imperavit zwei inhaltslose moralisirende Zusätze ein, welche sich schon deshalb, weil sie dem Character des ganzen Buches fremd sind, als von späterer Hand hinzugesetzt ausweisen. Zu ihr gehören 5 und 6. Hieran knüpfe ich den Wunsch, dass die Geschichte des P., die soviel gelesen und benutzt wurde und auch jetzt noch nicht ganz ohne Werth ist, in einer brauchbaren Gestalt mit dem Nachweise der Quellen, wie Bethmann [2]) sie versprach, statt unnöthiger Ausgaben der werthlosen historia miscella recht bald neu herausgegeben werden möge! —

Das Werk des P., als dessen Programm wir den Widmungsbrief betrachten müssen, hat, wie die zahlreichen Handschriften [3]) beweisen, im Mittelalter grosses Ansehn genossen. Es gab in kurzer Fassung und ziemlich ansprechender Form alles aus der römischen Geschichte wissenswerthe. Doch dürfen wir keinen zu hohen Massstab an die Arbeit legen, P. war durchaus von seinen Quellen abhängig. Er folgt denjenigen am liebsten, welche ihm schon fertigen Stoff boten und so finden wir je nach der Art der Vorlagen ein stetes Schwanken des Inhalts. In dem ersten Theile, soweit Eutrop reicht, vermissen wir fast ganz die christliche Färbung, welche wir nach seinem Briefe erwarten sollten, einige wenige kurze Nachrichten aus der jüdischen Geschichte, die Geburt Christi [4]) und der Tod des Herrn [5]), das Märtyrerthum des Petrus und Paulus [6]), der Tod des heiligen Laurentius [7]) ist alles, was uns P. aus der sacratissima historia bietet. Ganz beiläufig ist die decianische Verfolgung [7]) erwähnt, sonst erfahren wir nichts

---

[1]) Muratori p. 68.
[2]) p. 310.
[3]) Papencordt p. 396, 397. Bethmann p. 309.
[4]) p. 50.
[5]) p. 53. Nach Oros. ed. Sigeb. Haverkamp. Lugd. Batav. 1738, 462, 463.
[6]) p. 55 nach Or. p. 472, 473.
[7]) p. 67 nach Hieronymus ed. Roncalli vetust. lat. script. chron. I, p. 476.

von den ersten Zeiten des Christenthums. P. berichtet, trotz seiner Quellen nichts von der Bekehrung Constantins, nichts von irgend einem Concil, erst mit den Beginn der eignen Arbeit macht sich mit einem Male der christliche Standpunkt geltend.

Im ganzen Buche ist P. hauptsächlich Compilator, doch ist er durchaus nicht verlegen, kurzen Nachrichten durch beigefügte Motivirungen ein gewisses Ansehn zu geben, Uebergänge zu erfinden — ohne dass hierbei der Stil des P. sehr zu loben wäre, sein Wortschatz ist nicht sehr umfangreich — selbst eigene neue Nachrichten durch Combination zu gewinnen. Dies alles erscheint oft in sehr annehmbarer Einkleidung, ergiebt sich aber bei näherer Untersuchung gewöhnlich nur als Schein und beeinträchtigt die Glaubwürdigkeit des P. für die Nachrichten, die er allein bringt, im höchsten Grade.

Grade diese Stellen, welche viel benutzt wurden und manchen Irrthum in die Geschichte gebracht haben, machen eine kritische Untersuchung seines Materials und seines Verfahrens nöthig. Für eine genaue Uebersicht der benutzten Quellen, verweise ich auf die angehängte Quellenanalyse.

Zur Chronologie des Paulus.

Paulus hat in der Chronologie seiner Geschichte sehr wenig Eigenes. Für die Einleitung, welche er dem Eutrop vorausschickt, fand er, wie grösstentheils den Stoff, so auch die chronologische Berechnung in der von Hieronymus übersetzten und erweiterten Chronik des Eusebius vor [1]. Aus ihr nimmt er die Regierungsjahre für die Reihe der lateinischen Könige [1] und die Daten für die Angabe der Zerstörung Troja's [2]. Ebendaher stammen auch die Zahlen für die Regierungszeit der römischen Könige [3].

---

[1] Die Zahlen befinden sich in der hist. rom. bei dem ungenügenden Zustande der Ausgaben in grosser Verwirrung. Oft auch mögen dem P. schon verderbte Angaben vorgelegen haben, vergl. z. B. den Tag für die Gründung Roms X. kal Maj., während Eutrop XI. kal. Maj. licet.
[2] p. 1, 2.   [3] p. 2, 3.

Die Rechnung nach Consuln, welche bei Eutrop mit der Kaiserzeit aufhört, hat auch Paulus nur soweit aufgenommen; in den Büchern seiner eigenen Arbeit, wo er Quellen benutzt, welche nach Consulaten zählen, wie Prosper [1]), Marcellin [2]) und die ravennatischen Aufzeichnungen, sehen wir nie eine Erwähnung derselben.

Von Eutrop übernimmt P. die Zählung nach Jahren der Stadt, welche er weiter nach Orosius, so weit dieser reicht, fortführt und dann nach selbständiger Berechnung bis zum 17. Buche ergänzt.

Erst am Anfange dieses letzten Buches führt er die anni ab incarnatione domini ein [4]), welche er vorher nur bei dem Sturze West-Roms durch Odovakar braucht [5]). Doch erwähnt er gewöhnlich nur Jahreszahlen bei dem Regierungsantritt der Kaiser [6]) und bei sehr wenigen grösseren Ereignissen.

Die Kaiserreihe überkam P. von Orosius, mit diesem ist er der gewöhnlichen Zeitrechnung um ein Jahr voraus, und setzt sie mit manchen Versehen selbständig fort [7]). Nach Orosius [8]) regiert Arkadius bei P. gemeinschaftlich mit Honorius 12 Jahre, später aber nach Beda oder Prosper 13 [9]), und so erhält P. für den Regierungsantritt Theodosius II, 1149 [8]) + 13 + 15 = 1177 Jahre a. u. c. = 424 n. Ch. Zu diesen kommen dann 27 Regierungsjahre des Theodosius [10]), dies

---

[1]) ed. Roncalli vetust. lat. script. chron. I.
[2]) ibid. II.
[3]) p. 100 mit den Worten: cessante jam romanae urbis imperio: utilius aptiusque mihi videtur ab annis dominicae incarnationis supputationis lineam deducere, quo facilius, quid quo tempore actum sit, possit agnosci.
[4]) p. 99.
[5]) Der eben erwähnte Sturz West-Roms und die Plünderung Roms durch Geiserich. Die erste Stelle zeigt Zahlen, welche wol nicht dem P. zuzuschreiben sind: anno a. u. c. 1209 (456 n. Ch.), a Cajo Caes. 517 (Caes. 42 od. 41 v. Ch.).
[6]) Von Theodosius II. geht die gezählte Reihe auf Ostrom über.
[7]) p. 563.   [8]) p. 90.   [9]) p. 93.
[10]) p. 96 bei dem Tode des Theodosius passirt dem P. folgender lapsus calami: At vero Theodosius cum absque uno et viginti superiori-

giebt 1204 für den Beginn der Herrschaft des Marcian ¹). Hierzu die 5 Jahre, welche Valentinian III. mit Marcian regiert, dies gäbe 1209 = 456 für das Todesjahr V. und die Einnahme Roms durch Geiserich, doch setzt P. für diese richtig das Jahr 1207 an. Für die Regierungszeit des Justin haben wir bei P. ²) 11 (XI) Jahre, vielleicht misverständlich für 9 (IX) des Jordanis ³). Die Fehler in der Chronologie, welche in der Folge der Ereignisse vorkommen, werden wir im Zusammenhange hervorheben. Im allgemeinen zeigt P. nicht das Bestreben, die Facta chronologisch genau zu ordnen, es genügt ihm gewöhnlich eine Einführung mit: interea, sequenti tempore, hoc tempore, nec multum post, circa haec tempora etc., und diese Worte sind grösstentheils nur Flickworte.

Eutrop, Aurelius Victor, Frontin.

Die ersten zehn Bücher der historia romana bieten nur geringen Stoff für eine Besprechung, da in ihnen P. eigentlich nur mechanisch compilirt ⁴). Er liess im wesentlichen den Text des Eutrop unverändert, höchstens fügt er hier und da einen Namen ein ⁵), den E. nicht bringt; die Interpolationen sind dem Texte angepasst. Im achten Buche schreibt

---

bus annis, quos cum Honorio patruo regnaverat, septem et viginti annis imperium gessissct, ex quibus cum Valentiniano genero viginti quinque transegit.... obiit. Dies gäbe für die Regierungszeit des Theod. 21 + 27 = 48, statt 15 + 27 = 42.

1) p. 97.   2) p. 103.
3) de reg. succ. Muratori SS. I, 1. p. 240.
4) Erschöpfend hat über das Verhältnis zwischen Paulus und Eutrop Hartel a. a. O. gehandelt. Nur damit kann ich mich nicht einverstanden erklären, dass H. p. 229 es für eine Gedankenlosigkeit erklärt, wenn P. die persönlichen Beziehungen des Eutrop mit aufnimmt. Er wollte eben nur (vergl. den Widmungsbrief) den Eutrop interpoliren. Die betreffenden Stellen sind: p. 5 Nec quicquam similius — imperaverint. p. 61 hujus tantum — exempli. p. 70 ea tamen occasione — manent. p. 77 cui expeditioni — interfui.
5) Siehe unten Orosius.

P. den E. ohne jeglichen Zusatz aus. Die Abweichungen von E. beschränken sich auf ganz kleine Abänderungen, welche ungewöhnliche Formen der geläufigen Regel entsprechend machen [1]). Für die Ergänzung des E. erschien dem P. ihrem Stil nach — das zeigt die wörtliche Herübernahme der Excerpte — und ihrer Anlage nach — das beweist die entschiedene Bevorzugung vor dem Orosius vom siebenten Buche ab — besonders geeignet die Epitome der.Kaisergeschichte des Aurelius Victor [2]). Aus ihr entnimmt er die Characteristiken der Kaiser bis auf Theodosius. Sie helfen seinem Werke eine gewisse Fülle zu geben, welche für die späteren Zeiten beim Mangel ähnlicher Quellen sich vermissen lässt. Auch das sonstige historische Material der Epitome ist möglichst ausgenutzt. Nicht in unsern Texten überliefert ist eine kleine glossenhafte Angabe des P. [3]): adversus ducenta millia Alamannorum haud procul a lacu Benaco in silva, quae Ligana dicitur dimicans etc., wofür die Epitome [4]) nur adversum [5]) aciem Alamannorum haud procul a lacu Benaco dimicans hat. Eine kleine Anzahl von Stellen zur Ergänzung des E. sind aus dem Nachtrage der drei Bücher strategematon des Frontin entlehnt, welcher unter dem Namen strategematicon als viertes Buch, wol ohne Berechtigung, der Schrift Frontin's angereiht ist [6]). Auch sie sind, so weit es ging, wörtlich wiedergegeben, wie eine Gegenüberstellung zeigt.

Frontin IV, 5, 4.

Claudius Marcellus cum in manus Gallorum imprudens incidisset circumspiciendae regionis, quae evaderet causa etc.

P. p. 16.

Marcellus deinde cum inprudens in manus Gallorum incidisset, omniaque infesta vidisset, nec evadere posset etc.

---

[1]) Hartel p. 274.
[2]) Bekannt unter dem Titel: de vita et moribus imperatorum romanorum, excerpta ex libris Sex. Aurelii Victoris, a Caesare Augusto usque ad Theodosium imperatorem. vergl. Teufel, Geschichte der röm. Litteratur p. 934 u. 935.
[3]) p. 68.   [4]) cp. XXXIV.
[5]) Wir bemerken auch hier, dass P. adversum in adversus ändert.
[6]) vergl. Teufel p. 720 u. 722.

Ausserdem enthalten die ersten sieben Bücher noch Einschiebsel, welche zwar nichts neues bringen, deren Ursprung aber nicht festzustellen ist. Der Einleitung und den ersten Büchern liegt eine historia de origine gentis romanae zu Grunde, welche gleich der uns erhaltenen auf Virgil zurückgeht [1]). Man könnte an diese denken, doch sind die Abweichungen grösser als die Uebereinstimmung. Wir können füglich darüber hinweggehen, weil wir hier nichts zur Beurtheilung des Werthes unseres Autor's finden.

Einer anderen Quelle, vielleicht einer Chrestomathie, ähnlich der des Valerius Maximus scheinen zuzugehören: die Gesandtschaft des Cineas [2]), die Wunderzeichen vor Ausbruch des zweiten punischen Krieges [3]), der Ausspruch Hannibals über Fabius [4]), die List Hannibals vor der Schlacht bei Cannae [4]), der Edelmuth Scipios [5]), die Characteristik Cäsars [6]), Züge für das Ende der Kleopatra [7]).

Die letzte Stelle, welche nicht aus verlorenem Material abzuleiten, sondern jedenfalls dem P. zuzuschreiben ist, erklärt den Beinamen Augustus zum erstenmal in der Weise, in welcher er im Mittelalter klassisch geworden ist [8]): tunc primum Augustus quod rem publicam „auxit" consalutatus est.

Eusebius-Hieronymus. Prosper.

Es ist schon oben bemerkt worden, dass P. Stoff und Chronologie für die Vorgeschichte Rom's aus Eusebius-Hieronymus [9]) herübernimmt. Eusebius ist dann weiter hauptsächlich die Quelle für die Nachrichten aus der sacratissima historia und ex sacrae scripturae textu, d. h. es werden aus ihm in kurzen Notizen die jüdischen Fürsten und einige, wenige Ereignisse aus der jüdischen Geschichte in den E., und

---

[1]) vergl. Teufel 935.
[2]) p. 10. [3]) p. 16. [4]) p. 17.
[5]) p. 19. [6]) p. 47. [7]) o. 49. [8]) p. 49.
[9]) Ed. Roncalli, vetustiora latinorum scriptorum chronica pars I., enthält Eusebius, Hieronymus und Prosper.

zwar alle Zusätze wörtlich, übertragen, so dass es nicht schwer fällt, sie zu erkennen und auszuscheiden.

Im elften Buche treffen wir mit der Erhebung Valentinian I. zum Kaiser [1]) auf die selbständige Chronik des Hieronymus, auch sie liefert kein Material zu einer Betrachtung. Mit der Schlacht bei Adrianopel berührt sie sich mit der Chronik Prosper's, welche zuerst nur zur Vervollständigung der anderen Nachrichten dient, bis sie im vierzehnten und fünfzehnten Buche zur Hauptquelle wird. Prosper ist auch fast durchgängig nach seinem Wortlaute benutzt. Im elften und zwölften Buche stammen aus Pr. nur kirchengeschichtliche Nachrichten, die Erwähnung des hl. Martin [2]), Hieronymus und Johannes Anachoreta [3]). Von dem Consulat des Monaxius und Plinta bis zu dem des Felix [4]) ist fast der ganze Text des Pr. ausgeschrieben, mit Auslassung der kirchengeschichtlichen Bemerkungen, nur der Tod des heiligen Hieronymus wird aufgenommen. Am genauesten schliesst sich P. an Pr. an, von dem Tode des Honorius bis zu dem Zuge des Sigiswult gegen Bonifacius, nur ist bei der Expedition des Mavortius und Galbio Felix und Sinox weggelassen.

Von der Wiederaufnahme des Bonifacius bis zur Zurückberufung des oströmischen Heeres auf Sicilien zum Schutze Constantinopel's gegen die Hunnen [5]) ist mit Ausnahme des kleinen Zwischensatzes der Ernennung des Aetius [6]) zum Patricius wieder ein zusammenhängendes Stück aus Pr. gegeben. Selbständig ist nur der Zusatz des P.: pax cum eisdem necessaria magis quam utilis facta est, zu dem Frieden mit den Vandalen im Jahre 435. Papencordt [7]) will bei diesem Ver-

---

[1]) p. 81. Hieron. 511.
[2]) p. 84. Nach dieser Stelle könnte Prosper p. 637 ergänzt werden: Martinus episcopus Turonorum Galliae civitatis multis clarus habetur. P. setzt hinzu: virtutibus (Lab. miraculis).
[3]) p. 88. Pr. p. 641.
[4]) p. 93. Pr. 651—655.
[5]) p. 94, 95, 96. Pr. 657—665.
[6]) vergl. unten annalist. Aufzeichnungen.
[7]) p. 343.

trage statt des gewöhnlichen per Trigetium des Pr. und P. per trigennium lesen. Waitz ¹) bezweifelt diese Emendation und Gaupp ²) verwirft und widerlegt sie aus juristischen Gründen, eine neue kritische Ausgabe wird wol vollständig entscheidend sein ³). An diesen Vandalenfrieden knüpft sich bei P. ein Frieden des Aetius mit den Burgundern ⁴): His etiam temporibus Gundicarium Burgundionum regem intra Gallias habitantem Aetius patricius bello obtrivit, pacemque ei supplicanti concessit. Pr. hat zu dem Jahre 435: eodem tempore Gundicarium Burgundionum regem Aetius bello obtrivit pacemque ei supplicanti dedit. Qua non diu potitus est, siquidem illum Hunni cum populo suo ac stirpe deleverunt. Waitz ⁵) hat überzeugend nachgewiesen, dass P. aus dem zweiten Theile der Prosperschen Nachricht, welchen er an der eben angeführten Stelle weglässt, die Vernichtung Gundicars durch „Attila" macht ⁶). Es folgen nur noch wenige Stellen bei P. aus Pr. für die es genügt, auf den Anfang zu verweisen. Die Benutzung Prosper's schliesst mit dem Ende seiner Chronik, der Einnahme und Plünderung Roms ⁷) durch Geiserich, ab.

Orosius.

Eine der wichtigsten und auf die ganze Darstellung des Paulus einflussreichsten Quellen sind die sieben Bücher römi-

---

1) Jahrbücher für wissenschaftliche Kritik 1838 p. 532.
2) Die germanischen Ansiedlungen und Landtheilungen p. 443.
3) Apollinar. Sidon. kennt einen Trigetius, welcher in Spanien gefochten hat ep. lib. VIII, 12. Sirmond p. 1080: Ulbi, quaesumus, animo tam celeriter excessit vestigiis tuis nuper subacta Calpis? ubi fixa tentoria in occiduis finibus Gaditanorum? Ubi, ille Trigetio meo idem qui Herculi quondam terminus peregrinandi?
4) p. 94.
5) Forschungen zur deutschen Geschichte I, p. 3. ff. Derichsweiweiler, Geschichte der Burgunden p. 121 ff. kommt auf die alte Anschauung zurück und setzt nur die Vernichtung Gundicars durch Attila in das Jahr 436—437. vergl. auch Müllenhoff, zur Geschichte der Nibelungensage in Haupts Zeitschrift X. p. 146 fl.
6) p. 97: Attila itaque primo impetu, mox ut Gallias introgressus est, Gundicarium Burgundionum regem sibi occurrentem protrivit.
7) p. 98.

scher Geschichte des spanischen Presbyters Paulus Orosius [1]). Wie schon der Titel: Adversus paganos andeutet ist dies ganze Werk eine polemische gegen die Heiden gerichtete Darstellung der röm. Geschichte. Sie soll gegen den Vorwurf [2]) derselben, dass mit dem Christenthum nur Elend über die Welt gekommen sei, beweisen, dass es zu jeder Zeit Unglück und Verbrechen auf Erden gegeben habe.

Diesen Apparat fand P. vor, doch benutzt er ihn nicht sclavisch, er vernachlässigt vielmehr die christlich polemische Seite gänzlich und holt sich nur Facta heraus, welche er zur Vervollständigung seiner Erzählung braucht. Am ausgesprochendsten zeigt sich dies Verfahren in den ersten zehn Büchern, wo er Eutrop möglichst in demselben Stile interpolirt. Alle diese Stellen sind mehr oder minder wörtlich übernommen.

Wir führen nur einige an, um zu zeigen, welcher Art sie sind. Gegen das Ende des ersten Buches [3]) fängt die Benutzung des O. an mit der Erzählung von der Berufung des Cincinnatus vom Pfluge zum Dictator, p. 7 ist nach O. die Selbstopferung des M. Curtius berichtet, p. 8 folgt der Krieg mit Alexander von Epirus. Auf derselben Seite begegnen uns aus O. hergeleitete Wunderzeichen, doch hat P. für diese nicht nach Vollständigkeit gestrebt, eine Aufgabe, welche sich erst der Autor der historia miscella stellte [4]).

Oft werden nur Namen aus O. in den Text des Eutrop aufgenommen [5]). Dies ist jedenfalls glücklicher als wenn P. infolge einer Nachlässigkeit, welche bei kompilirenden Autoren häufig vorkommt, dasselbe Ereignis zweimal erzählt und vielleicht durch einen falsch gelesenen Namen verleitet zwei ganz verschiedene Ereignisse daraus macht. So wird, augenschein-

---

[1]) ed. Sig. Haverkamp Lugd. Batav 1738.
[2]) vergl. O. p. 3, 4.
[3]) p. 6. Or. p. 120.
[4]) Or. p. 299 giebt ein Wunderzeichen: in Bononiensi agro fruges in arboribus natae sunt, dies ist nach der hist. rom. zu ergänzen: mense Januarii.
[5]) vergl. p. 14 apud Palinurum. Dieser Passus ist aber bei Muratori lückenhaft. O. 240.

lich nur um die Entstehung des korinthischen Erzes zu beschreiben [1]), die Zerstörung Korinths einmal nach O. mit dieser Notiz und einmal nach Eutrop berichtet. Bei der ersten Erwähnung wirkt das Interesse so auf den historischen Bericht ein, dass P. die Stadt gegen O. durch Metellus nehmen lässt [2]).

Dasselbe Versehen lässt sich P. bei der ·Erzählung des Sullanischen Bürgerkriegs zu Schulden kommen. Er setzt den Kampf an der porta collina mit Lamponius [3]) einmal vor und einmal nach der Einnahme Roms durch Sulla an.

Am zahlreichsten sind die aus O. übernommenen Stellen im vierten, fünften und sechsten Buche. Von der Erwähnung von Christi Geburt [4]) ab werden diese Excerpte immer notizenhafter und seltener. Mit dem achten Buche verschwindet endlich jede Spur des Orosius.

Erst am Anfange des elften Buches, mit der eignen Arbeit des P. erscheint O. wieder, und zwar bildet er sofort die Hauptquelle, die durch andere Nachrichten nur ergänzt wird. Dadurch erhält die Fortsetzung ein ganz christliches Gepräge, welches den vorhergehenden Büchern gänzlich fehlt. Doch hütet sich P. auch hier die frommen Phrasen des O. in ihrem ganzen Umfange aufzunehmen. Oft sind die fremden Bestandtheile in den Text des O. so eingeflochten, dass sie mit ihm ein vollständiges Ganzes ausmachen.

Es würde zu weit führen, alle ausgeschriebenen Stellen namhaft zu machen, es wird für 'sie genügen auf den Anhang zu verweisen.

Soweit O. vorliegt, wie überhaupt im ersten Theile seines selbständigen Werkes, hält P. die Beschaffenheit seiner Vorlagen von Combinationen ziemlich zurück, nur selten fügt er einige Worte aus seinem eigenen hinzu. So bei der Gesandt-

---

[1]) Bei Muratori p. 25 fehlt der erste Bericht, wol wegen der Wiederholung weggelassen. Or. 290, 291.
[2]) Imperante Mummio consule Metellus praetor devicit.
[3]) Denn so ist p. 35 bei Muratori zu lesen für Campaniae. vergl. O. 348.
[4]) p. 50. Oros. 448.

schaft der Parther an Theodosius [1]): ceteraeque barbarae nationes, ein Zusatz, der später bei Völkeraufzählungen wiederkehrt. Im vierzehnten Buche [2]) fügt er der Nachricht von der Tyrannis und Entsetzung des Maximus obiit hinzu und kommt dadurch dazu, später dasselbe nach anderen Quellen noch einmal zu erzählen. Kurz darauf [3]) schliesst die Benutzung des Orosius ab.

Beda und der liber pontificalis.

Von den Schriften Beda's lag Paulus für seine römische Geschichte das Chronikon vor, welches, auch tractatus de sex hujus saeculi aetatibus genannt, den historischen Theil des liber de temporum ratione bildet [4]).

Nach ihm sind die englischen Verhältnisse von da ab erzählt, wo Orosius die Feder niederlegte, wenig gekürzt oder auch manchmal etwas weiter ausgesponnen.

Die erste nachweislich benutzte Stelle handelt von den Einfällen der Picten und Scoten [5]) zur Zeit des Kaisers Honorius, sie ist, wie alle aus dieser Quelle stammenden Nachrichten fast durchgängig, mit den Worten Beda's gegeben.

Dieser Bericht gehört noch ganz in die römische Geschichte wie sie im Plane des Paulus liegt, weniger schon die unter der Regierung Theodosius des zweiten erwähnten Einfälle [6]), wo an das an Aetius vergeblich gesandte Bittschreiben um Hilfe die Herbeirufung der Angeln und Sachsen und deren Unterwerfung Englands in ziemlich breiter Weise geknüpft wird. Die nächstfolgende Stelle erwähnt den Kampf mit den Sachsen und Picten zur Zeit Marcian's [7]) nur um die von Beda gebrachte Theilnahme des hl. Germanus und Lupus,

---

[1]) p. 85. Oros. 556.
[2]) p. 92. O. 581. vergl. unten.
[3]) p. 92. O. 586.
[4]) vergl. praef. u. p. 1 ed. Smith. Cahtabr. 1722.
[5]) p. 93. Hac tempestate — maria fugant. Beda p. 26.
[6]) p. 96. Britanni itaque — subegit. Beda p. 26 und 27.
[7]) p. 98. Dum haec geruntur — refugerent. Beda p. 27.

welche gegen die „Pelagianae haereseos assertores" gesendet in Britannien verweilten, und den wunderbaren Sieg, durch den Schlachtruf „Alleluja," zu erzählen. Diese Ueberschreitung des Rahmens der römischen Geschichte ist durch das Bestreben des Paulus, auch der sacratissima historia gerecht zu werden, hervorgerufen. Auch mag wol die Schreibweise Beda's Paulus veranlasst haben über seine Aufgabe hinaus zu greifen, wie in dem Passus von dem Kampfe der Britten unter Ambrosius [1]), welcher zugleich ein Streiflicht auf die Arbeitsweise des Paulus wirft. Er macht nämlich aus: Occisis in eadem parentibus purpura indutis ein purpuram induit und aus vincunt ein superavit saepe, wovon bei Beda, wie wir sehen nichts gesagt wird.

Auch einige Nachrichten über die Vandalen sind aus Beda hergeleitet. Für den Uebergang nach Afrika sind aus Beda die Alanen [2]) entnommen. Ganz aus demselben ist die Unterwerfung Afrikas [3]) bis zu dem Tode des hl. Augustin. Später liefert Beda den Stoff für die Verfolgung der Katholiken durch Hunerich [4]).

Bei der Verfolgung unter Trasamund, welche auch auf Beda zurückweist, kann man zweifelhaft sein, ob nicht zugleich der liber pontificalis vorgelegen hat, da über die Unterstützung der nach Sardinien verbannten Bischöfe beide genau dasselbe berichten.

P.	B.	l. pont.
Quibus beatus papa Symmachus quotidiana subsidia ministrare non destitit.	Et omni anno per Africam [5]) et Sardiniam episcopis, qui in exilio erant pecunias et vestes ministrabat.	Hic omni anno per Africam vel Sardiniam ad episcopos qui in exilio erant retrusi pecuniam et vestes ministrabat.

---

1) p. 110. Apud Britannias — potirentur. Beda p. 28.
2) p. 94. Beda 26.
3) p. 94. Beda 26.
4) p. 100. At vero — potuit. Beda 28.
5) Paulus p. 101 lässt Africa weg.

Eine Entscheidung ist desshalb irrelevant, weil Paulus sowol Beda als den liber pontificalis kennt und benutzt und Beda den liber pontificalis ausschreibt [1]).

---

[1]) Hiernach ist Wattenbach, Deutschlands Geschichtsquellen im M-A. p. 45 zu berichtigen.

Diese Benutzung des lib. pont. lässt sich bei Beda bis auf Theodosius III. p. 31 genau verfolgen. Dass dies Verhältnis nicht umgekehrt ist, beweist unter anderen folgende Stelle:

Beda p. 28.	lib. pont. p. 32, 33.
Symmachus papa inter multa ecclesiarum opera quae vel a fundamentis creavit vel prisca renovavit ad b. Petrum et b. Paulum et b. Laurentium pauperibus habitacula construxit.	Intra civitatem romanam basilicam SS. Silvestri et Martini a fundamento construxit.... Ad b. Joannem et Paulum fecit gradus post absidam. Item ad archangelum Michaelem basilicam ampliavit et gradus fecit et introduxit aquam. Item ad S. Mariam oratorium SS. Cosmae et Damiani a fundamento construxit.... Item ad b. Petrum et b. Paulum apostolos et ad S. Laurentium matyrem pauperibus habilacula construxit.

Die letzte Nachricht, welche Beda aus dem lib. pont. schöpft, betrifft die grosse Ueberschwemmung in Rom zur Zeit des Papstes Gregor II.

B. p. 33.	lib. pont. p. 67.
Tiberis fluvius alveum suum egressus nulla romanae fecit exitia civitati, ita ut in via lata ad unam et semis staturam excresceret atque a porta sancti Petri usque ad pontem Milvium aquae se descendentes conjungerent. Mansit autem diebus VII donec agentibus letanias crebras civibus octavo demum die revertit.	Eo autem tempore fluvius qui appellatur Tiberis alveum suum egressus sese per campestria dedit intumuit etiam inundatione aquarum multarum et per portam quae Flaminia dicitur ingressus est. Transcendit interea aliquibus in locis et muros urbis atque ultra basilicam sancti Marci, per plateas se extendit, ita ut in via lata ad unam et semis staturam aqua ejusdem fluminis excrevisset atque a porta b. Petri apostoli usque ad pontem Milvium aquae se distenderent et juxta remissa in ipsius fluminis al-

Diese Verschlingung von Nachrichten Beda's und des liber pontificalis tritt von da ab mehrfach auf. Wir fassen diese Stellen gleich hier ins Auge.

Im Anfange des 17. Buches kann: hic (Anastasius) romani decus imperii Eutychianae haereseos illuvie maculavit auf Beda p. 28 und lib. pont. p. 33 zurückgeführt werden. Aus Beda ist bei der Hinrichtung des Symmachus und Boëtius nur der Titel patricius [1]) für S., dagegen folgt bei dem Bericht der Rückkehr des Papstes Johannes und dem Tode desselben [2]) Paulus ganz dem Texte Beda's, nur das Datum nonagesimo octavo die für das Ableben Teoderichs bietet der lib. pont.

Es kommt dann noch eine Benutzung Beda's bei der Besiegung der Vandalen unter Gelimer und der Wiedereinnahme Karthago's [3]). Vorher giebt B. noch einige Züge für die Zurückberufung der katholischen Bischöfe durch Hilderich [4]).

Die Benutzung des liber pontificalis beginnt, wie schon erwähnt, mit dem 17. Buche der historia rom., und zwar bildet er die Hauptquelle für dieses letzte Buch. Naturgemäss tritt dadurch die Kirchengeschichte mehr in den Vordergrund, bis dieselbe Quelle durch ihre reichen Nachrichten über den Gothenkrieg in Italien auch die Grundlage für die Profange-

> veum se dedit....... Per dies autem VII aqua Romam tenebat pervasam. A domno itaque papa letaneae crebro fiebant cumque iminoratione et letaniis persisterent post octavum jam diem misertus Deus aquam amovit et fluvius ad proprium regressus est alveum.

Beda (672—735, vergl. H. Gehle de vita et scriptis Bedae venerab. Lugd. Bat. 1838, p. 10 u. 31) besass also ein Exemplar des lib. pont., welches bis auf seine Zeit reichte (Gregor II. v. 714—731). Dies ist nicht uninteressant für die Entstehungsgeschichte dieser Papstviten. Ueber diese vergl. W. Giesebrecht, allgem. Monatschrift 1852, I, p. 257 ff. u. Röstell, Beschreibung Roms I, p. 207 ff.

[1]) p. 103. B. p. 28. lib. pont. p. 35.
[2]) a. a. O.
[3]) p. 104. B. p. 28.
[4]) p. 102. B. p. 28.

schichte bis zum Tode des Totila's darbietet, mit welcher Angabe das Werk des Paulus abschliesst.

Zuerst wird an der Hand des lib. pont. das Schisma zwischen Symmachus und Laurentius berichtet [1]), nur dass Paulus den Festus des lib. pont. auch Faustus nennt. Ebendaher folgen dann die Verhandlungen Hormisda's [2]) mit dem eutychianischen Kaiser Anastasius. Panlus hält es für nothwendig seiner Schülerin die Erklärung dieser Ketzerei zu geben, lässt aber die erste vergebliche Gesandtschaft weg und berichtet nur den Miserfolg der zweiten. Der „verdiente" Tod des Anastasius und Regierungsantritt des katholischen [3]) Justinus, sowie die glücklichen Verhandlungen durch den Bischof Germanus, welcher von Paulus aber nur allein als Gesandter genannt wird [4]), sind nach derselben Quelle wiedergegeben. Aus demselben Buche entnommen ist die Sendung des Papstes Johannes [5]) von Theoderich an Justin als dieser anfing die Arianer zu verfolgen. Paulus setzt nur dem Auftrage des Papstes quamquam esset injusta hinzu.

Mit der nächsten Stelle aus dem lib. pont. treten die gothischen Verwicklungen ein [6]). Es ist dies die Gesandtschaft Theodat's nach Constantinopel, durch welche er bei Justiniam Indemnität nachsuchte. Auch die bezeichnende Disputation des Papstes Agapet mit dem Kaiser und das Exil des Anthimus nebst dem Tode Angapet's ist mit herübergenommen.

Mit den ersten Nachrichten aus der vita des Silverius [7]) beginnt dann der Krieg in Italien und es folgt bis zum Tode des Witiges und der Besiegung des Gunderith in Afrika eine zusammenhängende Benutzung des liber pont. Dieser Bericht von Paulus nicht mechanisch aufgenommen zeigt uns ihn als einen nicht gar zu schlechten Stilisten. Er verarbeitet frei

---

[1]) p. 100. lib. pont. p. 31, 32.
[2]) p. 102. lib. pont. p. 33.
[3]) Der lib. pont. sagt orthodoxus.
[4]) p. 102. lib. pont. p. 34.
[5]) p. 103. lib. pont. p. 35.
[6]) p. 104. lib. pont. p. 37.
[7]) p. 106, 107. lib. pont. p. 38, 39, 40.

den gegebenen Stoff, welcher sich gerade nicht durch gutes Latein und geschickte Anordnung auszeichnet, zu einer fliessenden Erzählung, die ihm wegen der zusammenhängenden Vorlage besser gelang als sonst in den übrigen Theilen seiner Arbeit, wo er kurze Aufzeichnungen aneinander zu reihen und zu verknüpfen hatte. Nachdem noch die Abführung des Vigilius [1] nach Constantinopel erwähnt worden ist, wobei Paulus ungenau den Papst ins Exil stossen lässt — im lib. pont. ist nur von der Gefangensetzung die Rede, die Begleiter werden verbannt — folgt die Erwählung Totila's und die Belagerung und Einnahme Roms durch denselben [2]. Kurz darauf die Flucht einiger Senatoren nach Constantinopel, die Sendung des Narses und sein Sieg über Totila [3]), womit, wie oben bemerkt, die Benutzung des liber pontificalis zu Ende geht.

Vita des Epiphanius von Pavia. Panegyricus des Ennodius. Die Dialoge Gregors des Grossen. Vita Severini.

Unter den italienischen Bischöfen des fünften Jahrhunderts nimmt Epiphanius von Pavia eine hervorragende Stellung ein. Von dem Zwiste Ricimers mit Anthemius ab bis zu seinem 497 erfolgten Tode sehen wir ihn fortwährend als Gesandten und als Vermittler thätig. Seine Lebensbeschreibung von dem Bischof Ennodius [4]) verfasst ist darum auch eine Quelle wichtiger Nachrichten für diese Zeit, welche noch reichlicher sein könnten, wenn nicht Ennodius den erbaulichen Standpunkt zu sehr beobachtet hätte.

Paulus hat diese Nachrichten oft ihres überschwenglichen und dunklen Ausdrucks wegen umarbeiten müssen, und so konnte es nicht fehlen, dass Irrthümer und falsche Combinationen mit unterliefen.

---

[1]) p. 107. lib. pont. p. 41.
[2]) a. a. O.
[3]) a. a. O.
[4]) ed. Sirmondi opera varia I, p. 1647 ff.

Mit der ersten geschichtlichen Nachricht der vita, der Sendung des Epiphanius durch Ricimer an Anthemius beginnt auch die Benutzung derselben. Aus ihr stammt die gothische Abkunft des Ricimer mit dem alterthümlichen Worte 'prosapia. Bezeichnend für die Arbeitsweise des Paulus, die hier nur die Schlagwörter herübernimmt, sonst aber selbständig verfährt [1]), ist die folgende Gesandtschaft an Eurich [2]):

P.	v. Ep.
Eo těmpore cum apud Tolosam Wisigothorum populis Euricus regnaret ac per Italiae et Galliae fines inter Nepotem et Euricum litium fomenta crevissent bellumque e diverso utrique praepararent interveniente Epiphanio de quo etc.	Tunc inter eum (Nepos) et Tolosae alumnos Getas, quos ferrea Euricus rex dominatione gubernabat orta dissensio est: dum illi Italici fines imperii, quos trans Gallicanas Alpes porrexerat novitatem spernentes non desinerent intercessere: e diverso Nepos ne in usum praesumptio malesuada duceretur districtius cuperet commissum sibi a Deo regnandi terminum vindicare. Hinc utrimque litium coeperunt fomenta consurgere etc.

Die vita giebt dann zum Theil das Detail für den Söldneraufstand unter Odovakar. Wie Paulus hier mit der falschen Combination eines Einfalls in Italien beginnt [3]), so fährt er auch weiter in freiester Weise fort, indem er die Erzählung des Ennodius, welche allerdings durch ihre Rhetorik unklar ist, sich ganz nach den obigen Cardinalirrthum zurecht legt. Ennodius sagt: ecce ille quietis nescius et scelerum patrator inimicus (sc. diabolus)... exercitum adversus Orestem patricium erigit et discordiae crimina clandestinus supplanator interserit. Spe novarum rerum perditorum animos inquie-

---

[1]) Jordanis wird ganz ähnlich umgearbeitet; vergl. unten.
[2]) p. 99. v. E. 1659.
[3]) vergl. weiter unten Jordanis.

tat: Odovacrem ad regnandi ambitum extollit. Et ut haec pernicies in Ticinensi civitate contingeret Orestem ad eam fiducia munitionis invitat. Paulus nun, da er den Einfall Odovakars hat, aber keine Schlacht zwischen ihm und Orestes, dagegen einen Abfall des Heeres und die Verschanzung des Orestes in Pavia findet, lässt O. dem Odovakar entgegenrükken, in Folge von Desertionen aber: maxime cum eum jam quidam suorum deseruissent metu trepidus sich nach dem festen Pavia zurückziehen.

Nach der vita ist sodann die Einnahme Pavias und der Tod des Orestes berichtet [1]. Selbständig erzählt darauf Paulus die Unterwerfung ganz Italiens und die nach dem Tode des Orestes erfolgte Erhebung Odovakars zum Könige, weil Ennodius sie an dieser Stelle bringt.

Bei dem Kriege mit Theoderich knüpft Paulus mit der Ankunft jenes in Mailand wieder an die vita an und bringt nach ihr die Uebergabe und Felonie des Tufa [2]. Aber die Worte: Interea perduelles animos deditii exercitus mutationum incendit ambitio, quorum caput Tufa fuit homo in perfugarum infamia notitia veteri pollutus: qui concepit mente, ut se desperatis partibus cum ingenti multitudine redderet hat P. für seine Geschichte brauchbar gemacht, indem er den Uebergang Tufas wie folgt erzählt: ubi dum consisteret (Theodoricus), magna ad eum multitudo militum pluresque Italiae populi (!) convenere. Was diese populi bedeuten sollen ist unklar, Phrase, dann fährt er fort: sed paucis interjectis diebus rursus deditus totus exercitus Tufa quodam [3] nomine instigante Odoacris se partibus reddidit. Man sieht aus dem populi und an den paucis diebus, dass Paulus mit den Worten spielt, dass er also auch, wo er allein etwas durch seine Worte vertreten soll, nicht citirt werden darf.

---

[1] p. 99. v. Ep. p. 1669, 1670.
[2] p. 100. v. E. p. 1673.
[3] Dieses quodam schliesst eine Benutzung anderer Quellen hier aus. Tufa war magister militum, vergl. An. Valesii § 51, ebenso der continuator Prosperi Haunicnsis. (ed. G. Hille 1866.)

Es folgt der Rückzug Theoderichs hinter die Mauern Ticinums, ungenau ist der Ausdruck des P. apud Ticinensem urbem. Hieran nun schliesst P. einen Einfall [1]) des Gundobad in Italien mit der Motivirung: talium rerum varietates Burgundionum rex Gundobadus adspiciens Liguriam cum ingenti exercitu ingressus cuncta quae reperire poterat etc. Ist hier schon die Motivirung verdächtig — sie erinnert sehr au Jord. [2]): tantas varietates mutationesque Euricus cernens — so wäre es auch merkwürdig, wenn Ennodius sich die Gelegenheit entgehen liesse, aus diesem Elende Liguriens nicht wenigstens einige Strahlen für seinen Heiligen zu sammeln. Er kennt nur die Verwüstung Liguriens durch den Krieg zwischen Odovakar und Theoderich. Vielleicht können wir einiges Licht in die Sache bringen, wenn wir ein Edict aus den Varien [3]) heranziehen, in welchem den Ligurern die Wohlthaten Theoderichs zu Gemüthe geführt werden: En pietas mirabilis, quae ubique nostris repugnat incommodis. Nam cum se feritas gentilis prioris temporis animasset, Aemilia et Liguria vestra, sicut vos retinere necesse est, Burgundionum incursione quateretur, gereretur bellum de vicinitate furtivum, subito praesentis imperii tanquam solis ortus fama radiavit. Expugnatum se hostis sua praesumptione congemuit: quando illum cognovit nominatae gentis esse rectorem, quem sub militis nomine probaverat esse singularem. Quotiens se optavit de suis finibus non exire Burgundio... nam mox ut Gothi ad belli studium gemina se fortitudine contulerunt.... ita caesa est rebellium manus.... ut in ipsis campis praedo corrueret, quos vastare praesumsit. Rechnen wir das Rednerische ab, so finden wir keinen Einfall, sondern vielmehr Plünderungszüge [4]) (bellum de vicinitate furtivum), welche vor der Zeit Theoderichs stattfanden und sich in der Zeit des Krie-

---

[1]) Derichsweiler p. 53 Gesch. der Burgunden setzt ihn 492—493 Pallmann II, p. 456 ins Jahr 491. Köpke, die Anfänge des Königthums b. d. Gothen p. 174 in das Jahr 490. Waitz p. 106 Nachrichten von der k. Gesellsch. d. Wisaschft. 1865 bezieht die Verhältnisse auf eine frühere Zeit, wir schliessen uns dieser Ansicht mit Modificationen an.
[2]) cp. 45.   [3]) lib. XII, 28.
[4]) Dafür spricht auch die grosse Zahl der Gefangenen.

ges zwischen Th. und Odovakar wiederholten, bis endlich die Gothen Musse hatten, den Räubereien Einhalt zu thun, ohne dass es auch hier zu einem wirklichen Kriege kam. Man könnte wol die Worte des Epiphanius aus der Rede an Theoderich [1]) hier auch aufführen: ... omnes retro imperatores te pietate superasse commemorem? Habes unde gentis nostrae rectores accuses: tu redimis, quos illi persaepe aut permiserunt fieri, aut fecerunt ipsi captivos. Das ludificatus specie foederis des Gundobad [2]) ist, wenn es nicht Deklamation des Ennodius ist, jedenfalls nicht auf Theoderich zu beziehen. Möglicherweise bezieht es sich auf sein Verhältniss zu den weströmischen Kaisern als patricius, und auf den Verlust seines Einflusses durch den Sturz seines Candidaten Glycerius, so dass dann schon von jenem Zeitpunkte ab die Raubzüge begonnen haben könnten. Paulus hat mit der vagen geliehenen Motivirung den ganzen Einfall aus der Gesandtschaft [3]) des Epiphanius an Gundobad herauscombinirt, um eine Erklärung dieser Gefangenschaft zu geben, welche ihm die vita nicht bot.

In der Erzählung fährt P. mit dem Abmarsch Theoderichs nach Ravenna fort. Die Zurücklassung der Mutter und der Familien ist auch aus der vita entnommen und daraus ganz annehmbar hergeleitet [4]). Ebenso das Pallmann so anstössige egressis denique a Ticinensi urbe post triennium Gothis eandem mox Rugi invasere [5]). Nur hat P. diese Uebergabe als

---

[1]) v. Ep. p. 1679.
[2]) v. Ep. p. 1684.
[3]) p. 100. v. Ep. p. 1682 ff.
[4]) vergl. v. Ep. p. 1673.

Si qua necessitas inter undas certaminum accesserit tutum est apud istum matrem familias deponere et expeditum excursionibus militare bellum.

p. 100.
demum relictis ibi matre sororibus universaque vulgi multitudine .... cum expeditis armatorum cuneis.... perrexit.

[5]) p. 100. v. Ep. p. 1674 steht: Sub tali cruce triennium duxit soli Deo dolorum suorum secreta manifestans, a quo ministrari sibi clandestinum poscebat auxilium. Post hinc digressis Gothis civitas Ticinen-

nothgedrungen aufgefasst, und so die zweijährige Besetzung mit Plünderung der Stadt und der Umgegend ausgeschmückt, was bei den Uebertreibungen des Ennodius nicht möglich war, während diese Rugen nur die Garnison ausmachten [1]), welche Theoderich nach Pavia legte. Diese „Einnahme" Ticinums bildet also ein ganz gutes Seitenstück zu dem Einfalle des Gundobad, eine Illustration für die Zuverlässigkeit des P. Einige wenige Züge für diese Zeit entnahm P. auch dem Panegyricus des Ennodius [2]). Daher stammt die Besiegung der Bulgaren [3]) und Gepiden, deren Könige jedoch hinzukombinirt sind [4]), und der Beginn des italischen Krieges bis zu dem Kampfe bei Verona, bei welchem viele Flüchtige in der Etsch ertranken. Die Kämpfe mit den Bulgaren und Gepiden sind äusserst ungeschickt erzählt, denn wie P. sie bringt, fallen sie vor den Aufbruch nach Italien [5]). Die Nachrichten sind wegen der Natur der Quelle so umgearbeitet, dass man kaum noch ihren Ursprung erkennt.

Ich knüpfe an die Benutzung des Ennodius diejenigen Stellen an, welche aus ähnlichen Quellen entlehnt sind. Diese sind im ganzen mehr legendarischer Beschaffenheit und darum wesentlich ärmer an historischem Inhalt.

Eine solche Vorlage sind die Dialoge Gregors des Grossen. Aus ihnen [6]) schöpft P. die Erzählung der Verheerung Campaniens durch die Vandalen bei der Rückehr von Rom und

---

sie Rugis est tradita etc. Dies triennium im Texte der vita hat Pallmann II, p. 465 übersehen und deshalb die Verhältnisse in Pavia falsch dargestellt.

[1]) Auf den Abmarsch derselben bezieht sich vielleicht Variae lib. IV, ep. 45.
[2]) Sirmnd I, p. 1593 ff.
[3]) p. 100.   pan. Enn. p. 1598.
Busamque Bulgarorum regem | Stat ante oculos meos Bulgarorum
magna cum suis agminibus caede | ductor libertem (libertatem?) dex-
prostravit. | tera tua adserente prostratus.
[4]) vergl. unten Jord.
[5]) Der Marsch selbst ist nach J. cp. 57 vergl. unten.
[6]) p. 98. dialog. lib. III, 1.

die Sage von der freiwilligen Gefangenschaft des Bischofs Paulinus von Nola unter den Vandalen in Afrika. Für diese Plünderung der Küste bringt P. Einzelheiten, die sich nicht herleiten lassen.

Ebendaher hat P. auch die Bestrafung [1]) der Seele Theoderich's empfangen, welche diese für die Mishandlung des Papstes Johannes und den Tod des Symmachus zu leiden hatte. Sie wird in die olla Vulcani (die heutige Insel Volcano unter der Gruppe der Liparen) von den Seelen der beiden unschuldig Verfolgten hinabgestossen [2]). Nach den Dialogen wird auch der heilige Benedict und sein Zusammentreffen mit Totila erwähnt [3]). Die Schonung, mit welcher Totila bei der Einnahme Roms verfuhr, wird auf die Ermahnungen des h. Benedict zurückgeführt. Aus derselben Stelle ist auch der Zug Totilas nach Sicilien und sein Tod nach zehnjähriger Regierung erzählt.

Die vita Severini [4]) von Eugippius giebt dem P. die Gelegenheit die Geschichte Odovakars mit der Weissagung des Heiligen auszuschmücken, zugleich aber auch mit den Anlass seine Geschichte durch die erwähnte unglückliche Combination für die Geschichte Odovakars zu bereichern. Wie er die Nachricht Eugipp's mit dem Bericht des J. [5]) zu einem Einfalle Odovakars nach Italien aufbläht, hat schon Pallmann [6]) nachgewiesen. Wir können aber auch noch in den Worten des P. selbst verfolgen, wie die vita gegen die übereilte Combination reagirt. Nach der Prophezeiung Severins fährt Paulus fort: haec ille verba rerum exitu comprobavit, nam aliquantis postmodum annis totius Italiae insuper et urbis usus est potestate. Es ist das quondam [7]) der vita, welches den auffal-

[1]) p. 108. dialog. IV. 30.
[2]) Diese Sage hat auch Siegebert von Gembloux z. J. 523 aufgenommen. Sie wurde zum Prototyp. Später wurde diese Bestrafung auch auf andere Uebelthäter übertragen. vergl. Ado von Vienne, wo dasselbe von dem major domus Ebroin erzählt wird.
[3]) p. 107, 108. dialog. II, 14.
[4]) Acta SS. Boll. 8. Jan. I, p. 484 ff. h. r. p. 99.
[5]) de r. s. p.
[6]) II, p. 302. Wir kommen unten darauf zurück.
[7]) p. 492.

lenden Gegensatz zu: Italiam ... properare contendit und zu der folgenden Erzählung hervorruft. Sonst ist nur bemerkenswerth, dass P. den Wortlaut der Weissagung nicht ganz beibehält. Er scheint die Episode halb nach dem Gedächtnis wiedergeben zu haben, ähnlich wie er die Vorhersagung der Besiegung des Maximus durch den hl. Martin von Tours aus seiner Lectüre einfügt [1]). Auf eine ähnliche Vorlage ist auch die Erzählung der Kirchenbusse des Kaisers Theodosius [2]) zurückzuführen. Man könnte an Facundus [3]) erinnert werden, denn P. erwähnt wie jener nicht das Verbrechen, um dessentwillen der Kaiser strafbar war.

Vielleicht aus der Ueberlieferung kennt P. die Legende von der Erscheinung des heil. Petrus bei der Gesandtschaft Leos des ersten an Attila [4]). Bei ihm ist sie zuerst [5]) und in der einfachsten Form wiedergegeben.

Isidor.

Man möchte wünschen, dass Paulus den Isidor nie in die Hände bekommen hätte, er verdankt demselben wenig Nachrichten aber desto mehr Irrthümer. Paulus kannte die grössere Chronik [6]) desselben und schöpfte daraus auch wohl die-

---

[1] p. 86. hanc Maximo perditionem beatus Martinus ante praedixit. vergl. Martin v. Tours vit. v. Sulpic. Severus bei Surius VI: p. 255.
[2] p. 89.
[3] Facundus ep. pro defens. trium capital. libri XII bei Sirmond pars II, p. 822. P. sagt: pro quodam facinore.
[4] p. 98.
[5] In der Ausgabe der Werke Leo's I. Lugdun. 1700, II, p. 165 wird diese Legende für nicht sehr alt erklärt. Jan Gruter (hist. aug. script.) soll sie zuerst in seine hist misc. aus den palat. Handschriften aufgenommen haben. Die Herausgeber kannten nur die lückenhafte hist. misc. In den alten Ausgaben der hist. rom. befindet sich die Erzählung vollständig.
Baronius z. Jahre 452 kennt diese Legende aus alten Breviarien.
[6] Roncall. II, p. 419 ff.

jenigen Notizen, auf welche hin Papencordt [1]) und Bethmann [2])
eine Benutzung des Victor von Tunnuna annahmen. Die erste
Spur einer Vorlage des Isidor finden wir im sechzehnten Buche an der Stelle, wo P. die Namen der Ost- nnd Westgothen
erklärt [3]). Er beginnt diese Herleitung:

P.	J.
Temporibus Valentiniani superioris Aug. cum intra Thraciae fines Gothorum tunc populi communiter habitarent bifarie per Alaricum ac Fridigernum divisi decreverunt etc.	Valentinianus et Valens. regnant annis XIV. Gothi apud Istrum bifarie (in duobus) Fridigerno et Athalarico (Alarico) divisi sunt regibus.

Wie diese Nachricht Isidors dem P. die Basis zu einer
sehr verfehlten Combination gab, werden wir unten bei Jordanis sehen. Die nächste Stelle lässt uns über die Benutzung
des Victor Tunnunensis entscheiden.

P. 99.	V. T. 346.	J. 455.
Leonem itaque de quo praemissum est, quem pater Leo in regni adsciverat potestatem mater sua Zenonis imperium formidans occulte clericum fecit. Exigente autem vehementer Zenone ut filium proderet pro eo alium forma similem obtulit. · Qui Leo deinceps in clericatu ad Justiniani usque tempora vixit.	Zeno imp. quaerens Leonem Aug. proprium filium occidere et ejus imperium pervadere alium pro eo ejus uxor Ariadne Aug. similem puerum ad mortem obtulit et Leonem eundem Aug. totondit eumque clericum unius ecclesiae Cplitanae fecit. Qui Leo usque ad Justiniani tempora principis vixit.	Iste Zenon Leonem Augustum filium suum interficere quaerens pro eo mater ejus alium figura similem obtulit ipsumque Leonem occulte clericum fecit quique in clericatu usque ad Justiniani tempora vixit.

---

[1]) p. 414.
[2]) p. 309.
[3]) p. 99. Isidor p. 451.

Zeigt uns diese Zusammenstellung die Benutzung Isidor's, so zeigt sie aber auch zugleich einen schweren Irrthum des P. Er lässt Leo II., den Sohn Leo's I. sein. Wir können die Ursache des Misverständnisses nicht mehr verfolgen, vielleicht schloss P. dieses Verwandtschaftsverhältnis aus der einfachen Angabe Isidor's: Leo major cum Leone minore oder weil er es für zu unnatürlich hielt, dass der Vater dem Sohne nach dem Leben trachte.

Dann tritt Isidor im 17. Buche [1]) wieder ein mit der Erwähnung des Fulgentius, der Bestrafung des Lästerers Olympius und der wunderbar unterbrochenen Taufe, welche der arianische Bischof Barbas vornehmen wollte.

Isidor liefert auch den Stoff zur Erzählung der Thronbesteigung des Hilderich und der Zurückberufung der katholischen Bischöfe [2]). Aber auch hier combinirt P. in ganz unverantwortlicher Weise. Aus [3]): post Trasemundum Childericus ex Valentiniani imp. captiva filia genitus [3]) in Vandalis regnum suscepit, qui sacramento a Trasemundo asstrictus ne catholicis in regno suo consuleret, antequam regnum susciperet episcopos ab exilio reverti jussit eisque proprias ecclesias reformare praecepit, ist defuncto Trasemundo.... Hildericus ejus filius ex captiva Valentiniani principis filia ortus geworden. Aus der Zurückberufung der Katholiken schliesst er: qui non patrem haereticum sed matris catholicae monita sequens rectae fidei cultor enituit! Auch hier ist es nicht genau zu sagen, warum P. diese Verwandtschaft gegen seine Quellen besonders gegen Jordanis durchführt; er bringt dadurch natürlich grosse Verwirrung in die Genealogie des vandalischen Königshauses. Er sagt [4]): At vero Geisericus... Valentiniani principis natam, quam ab urbe captivitatis sorte abduxerat

---

[1]) p. 101. Isid. p. 456.
[2]) p. 102. Isidor p. 457.
[3]) Victor Tunn. p. 362 a Geiserico captivata et Ugnerico juncta. Vielleicht hat Jord. cp. 36 mit Schuld: metuens ne Theodoricus Vesegotharum rex filiae ulcisceretur injuriam, quae Hunericho Giserici filio juncta etc.
[4]) p. 99.

Trasamundo filio suo in matrimonium copulavit, ex qua videl.
Hildericus natus est etc. schon bei der Rückkehr Geiserichs von
Rom infolge der Nachricht Isidors, mit welcher eine Nachricht
des Jordanis verknüpft ist [1]): Theodericus... Amalafredam
germanam suam Vandalorum regi Hunerico.. sociavit.

Soviel falsche Combinationen verdankt P. dem Isidor allein,
dessen Chronik wir zur Controlle noch besitzen. Sie allein schon
könnten uns ein sehr begründetes Mistrauen gegen Paulus Arbeitsweise und gegen seine Zuverlässigkeit in nichtbeglaubigten
Nachrichten einflössen.

Jordanis-Cassiodor.

Mit der Benutzung des J. [2]) treten wir in einen ganzen
Kreis schwieriger Fragen ein, Fragen, deren Lösung man bei
dem zerrütteten und unvollständigen Zustande unsrer Nachrichten über die dunkle Partie der Völkerwanderung nur durch
Hypothesen nahe kommen kann. Unser Schriftsteller hat den
zweifelhaften Ruf, durch seine Geschichte viel dergleichen
Schlüsse nöthig oder möglich gemacht zu haben, weil grade
für diese Zeiten sich sein Werk durch einen Reichthum an
Nachrichten auszeichnet, welchen wir bei den sichreren annalistischen Aufzeichnungen oft schmerzlich vermissen. Bei seiner Art zu arbeiten aber ist er für diejenigen Theile seines
Werkes, welche wir nicht controlliren können durch noch vorhandene Berichte, für eine kritische Benutzung nur in sehr
beschränkter Weise brauchbar. So könnte für uns die Frage,
ob er neben J. auch Cassiodor gekannt habe, unbeantwortet
bleiben, ohne dass man seinen Werth vermehrte oder verminderte, doch müssen wir an sie gehen, mit dem Bewusstsein
der Möglichkeit viel aus P. lesen zu wollen.

Eine Benutzung des J. durch P. ist bis jetzt noch nie in
Zweifel gezogen worden, und doch hätte man, wenn man über-

---

1) p. 100. Jord. cp. 58. Amalafredam germanam suam... Africae regi Vandalorumque conjugem dirigit Trasemundo.
2) De rebus geticis ed. Muratori scriptor. rer. italic. I, 1 p. 191 ff.

haupt eine Nachricht, welche in dem Bereiche der Gothengeschichte desselben liegt, aber aus ihr nicht erklärt werden kann, einer directen Vorlage des Cassiodor zuzuschreiben geneigt ist¹), sich dies Verhältnis zwischen J. und Cassiodor nach Massgabe des P. klar machen müssen, weil man nur dann überhaupt zu einer Bestimmung des Werthes der gegebenen Nachrichten kommen konnte.

Eine Prüfung dieser Stellen kann aber nur auf der Betrachtung der Behandlung ähnlicher zusammenhängender Erzählungen durch P. basiren.

Wir sehen, dass Orosius und der lib. pont., weil sie zusammenhängenden Stoff bieten mit Vorliebe zusammenhängend benutzt und die kürzeren Nachrichten nur in sie eingefügt werden, ein Verhältnis, das, wenn Cassiodor und Jordanis neben einander benutzt wären, hier gerade umgekehrt wäre, weshalb die Sache schon wenig Wahrscheinlichkeit hat. Man müsste also, wenn man in einem Punkte die Benutzung C.'s annehmen will, die Folgerung ziehen, dass eben nicht vorzugsweise J. ausgeschrieben sein könnte, sondern dass wir in den Nachrichten über die Gothen, die Amaler und Attila in der Geschichte des P. Theile des reinen C. im Sinne des P. umgearbeitet besässen.

Dass ihm aber überhaupt J. vorgelegen hat, beweist folgende Gegenüberstellung ²):

J. cp. 59.	P. p. 104.
sed in brevi (Athalaricus) infelicissimus immatura morte praeventus rebus humanis excessit. Tum mater ne pro sexus fragilitate a Gothis sperneretur secum deliberans Theodahatum consobrinum suum germanitatis gratia accersitum a Tuscia ubi privata vita degens	Interea Athalaricus Gothorum rex cum nondum expletis quatuor annis regnasset immatura morte praeventus vitae subtractus est cujus mater Amalasuntha post ejus funus Theodahatum socium ascivit in regnum. Sed Theodahatus idem immemor collati beneficii eam

---

¹) Wie Haage (Geschichte Attilas, Celler Programm 1862) p. 14 von der Aufzählung der Völker Attila's u. Köpke p. 171 von den Kämpfen Theoderichs mit den Bulgaren u. Gepiden will. (Haage wird von Pallmann II, p. 89 ff. durchweg Glaage genannt.)

²) Der Text Muratori's ist auch hier mangelhaft.

| in laboribus propriis erat in | post aliquod tempus in |
| regnum collocavit. Qui immemor consanguinitatis post aliquantum tempus a palatio Ravennate subtractam ... ab ejus satellitibus in balneo strangulata est. | balneo strangulari praecepit. |

Bis hierher kann die Gothengeschichte C.'s nicht gereicht haben. Selbst wenn man mit Köpke [1]) annähme, das Werk C.'s habe erst mit dem Tode Athalarich's abgeschlossen, so zeigt doch die Erwähnung desselben in der Verbindung mit dem Tode Amalasuntha's deutlich J. als Grundlage.

---

[1]) p. 73 stützt sich auf das „defloratis prosperitatibus" der Vorrede zu den Varien. Diese Worte aber müssen nach dem Sprachgebrauche des C. und dem Zusammenhange wie J. Grimm (Ueber J. Abhandlungen d. Ak. der Wissenschaften zu Berlin 1846, p. 15) sie erklärt übersetzt werden: Du hast Deine Geschichte aus den wie Blumen gepflückten glücklichen Zeiten der Gothen zusammengesetzt. Zu klar ist dieselbe Wendung in der Vorrede zur hist. trip. (p. 189): necessarium duximus eorum dicta deflorata in unius stili tractum domino juvante perducere et de tribus auctoribus unam facere dictionem. Dass der Geschichtsschreiber nicht blos die prosperitates habe erzählen können, ist kein Beweis für die Auffassung des defloratis als dahinwelken. Wir haben eine rhetorische Aufforderung vor uns, die aber im Zusammenhange nur die Grimmsche Uebersetzung erlaubt: Dixisti etiam ad commendationem universitatis frequenter reginis ac regibus laudes, duodecim libris Gothorum historiam defloratis prosperitatibus condidisti cum tibi in illis fuerit secundus eventus... Die Erklärung dieser Worte, welche Bessell (Forschungen z. d. G. I, p. 639 ff.) giebt: Lobreden hast Du gehalten auf Könige und Königinnen und damit Dich Allen empfohlen, die Geschichte der Gothen hast Du mit „auserlesenem Glück" (mit auserlesenen Erfolgen) geschrieben; da Du in diesen beiden günstigen Erfolg gehabt hast, warum zauderst Du? ist sehr gezwungen, wenn man: ad commendationem universitatis und den Plural prosperitates beachtet. Auch ist der grösste Theil der gesammelten Stellen mit „deflorare" nicht nur nicht beweiskräftig, sondern spricht sogar gegen den Sinn von „auserlesen" als „ausgezeichnet", so dass wir an der Grimmschen Uebersetzung festhalten müssen. Schirren p. 72 setzt aus dem gleichen Grunde wie Köpke die Vollendung der Gothengeschichte nach dem Tode Theodorich's an.

Köpke scheint sich das Buch Cassiodor's zum Ende hin fast annalistisch weitergeführt zu denken. Dem widerspräche an sich schon die von C. beliebte Zwölftheilung ¹), welche einen abgegrenzten Stoff voraussetzt. Und wo hätte er einen besseren Abschluss gefunden als in der Person Theoderichs? Der Schluss des Werkes wird wol in einen Panegyrikus ausgelaufen sein, welcher die heiklen Kriegsjahre gar nicht berührte ²), so dass J. sich genöthigt sah für diese Verhältnisse auf die Fasten zurück zu greifen. Es unterliegt also die Benutzung des J. überhaupt keinem Zweifel, und wenn wir die fortwährenden wörtlichen Anklänge und Sätze beachten, werden wir auch geneigt sein, sie weiter anzunehmen, aber bei den oft nicht geringen Abweichungen des P. doch immer wieder auf die Möglichkeit, dass auch Cassiodor dem P. zur Hand war, hingewiesen werden. Es wird daher nöthig sein, einige von diesen Abweichungen näher zu untersuchen, um zu zeigen, welcher Art sie sind und ob für sie, soweit wir die Nachrichten kontrolliren können, wirklich mit irgend welcher Wahrscheinlichkeit an C. gedacht werden kann.

Eine solche Stelle ist die Herleitung des Namens der West- und Ostgothen bei P. Er erzählt ³): temporibus Valentiniani superioris Augusti cum intra Thraciae fines Gotho-

---

¹) J. Grimm p. 15 macht auch schon auf diese Vorliebe C.'s für diese Eintheilung aufmerksam, sie soll jedenfalls den Inhalt übersichtlich gliedern. vergl. XII Bücher Varien, XII Bücher hist. trip., XII cap. de orthographia, XII cap. de anima.

²) Die Verlegenheit Theoderich's durch Tufa's Abfall, der Tod Odovakar's und die barbarische Massregel Theoderich's gegen die römischen Anhänger Odovakar's, welche vita Epiph. p. 1675 ff. erwähnt wird.

³) p. 99. Muratori ist hier, wie oben bemerkt, lückenhaft. Man muss sich wundern, wenn Eyssenhardt in seiner historia „miscella" (p. 343) dieselbe verstümmelte und deshalb sinnlose Lesart der „romana" in den „Text" aufnimmt, obgleich sie höchstens in die Noten gehört. p. 284 ist schon dieselbe Erzählung mit den Worten der miscella gegeben. Uebrigens ist diese Stelle der hist. misc. bemerkenswerth, weil wir hier den seltenen Fall haben, dass der Autor (im Anschluss an die hist. trip.) selbständig und frei combinirt.

rum tunc populi habitarent bifarie per Alaricum ac Fridigernum divisi decreverunt, ut utramque remp. id est Fridigernus cum suis orientalem Alaricus vero cum suo exercitu occidentalem opprimeret. Hi ergo qui cum Fridigerno in Orientali remanserant parte lingua patria ab oriente Ostrogothae id est orientales Gothi dicti sunt. Isti vero qui occiduas petiere regiones Visigothae id est occidentales Gothi sunt appellati. Betrachten wir diese Nachricht, so ist von vornherein klar, dass hier etwas unrichtiges gesagt ist. Fridigern ist Westgothe [1]), die Gothen waren zu jener Zeit schon längst in die beiden Hauptvölker getheilt und die Ostgothen konnten damals gar nicht daran denken, das oströmische Reich anzugreifen, da sie den Hunnen unterworfen waren. Kurz wir haben eine höchst unglückliche gelehrt sein sollende Combination unseres Autors vor uns. Suchen wir sie zu erklären, so finden wir als ersten Anhaltspunkt eine Angabe Isidor's [2]): Valentinianus et Valens frater ejus regnant annis XIV. Gothi apud Istrum bifarie (in duobus) Fridigerno et Athalarico (mss. Caes. et Vatic. bei Ronc. Alarico) divisi [3]) sunt regibus. Diese Notiz nahm P. auf, um an sie die Theilung der Völker zu knüpfen. Im zwölften Buche [4]), wo der Uebergang der Gothen über die Donau und die Schlacht bei Adrianopel erzählt werden, finden wir keine Erwähnung eines Königs der (West-) Gothen [5]), wol aber in Jordanis Gothengeschichte [6]), doch ohne dass die Daten desselben benutzt sind. Die Stelle der Isidorischen Chronik gab dem P. den Namen Alarich, welchen er in der Person des Westgothen Alarich kannte, der die ewige Roma einnahm [7]), nachdem er in Italien eingebrochen, also von Osten her gekommen war. Dass dies nach seinem eigenen Berichte unter Honorius geschah, wird nicht berücksichtigt, der ein-

---

[1]) Jord. cp. 26.   [2]) p. 451.
[3]) Bezieht sich auf Spaltungen unter den Westgothen.   vergl. Dahn 5 p. 5.
[4]) p. 83.   [5]) Nach Oros. 552, 553 u. Jord. p. 238.
[6]) cp. 26, 27.
[7]) p. 91. Nach Jord. cp. 30 u. Oros. 567, 573, 575, 576.

fache Thatbestand des Zuges nach Westen wird allein hier wieder aufgenommen und so bleibt Fridigern im Osten und wird zum Ostgothen umgeprägt. Welche Verwirrung in den Thatsachen und in der Chronologie ist in diesen kurzen Sätzen zusammengehäuft? An eine Benutzung des C. ist in keiner Weise zu denken.

Ganz dasselbe Resultat liefern die folgenden Stellen, so dass wir es hier schon aussprechen können, die Gothengeschichte Cassiodor's lag dem P. nicht vor, die Abweichungen von Jordanis sind wir genöthigt, auf Rechnung der eigenen schriftstellerischen Arbeit des Autors zu schreiben.

Sein Bemühen die Darstellung abzurunden und ihr einen gewissen Zusammenhang zu geben führte ihn gerade bei der Umarbeitung des gespreizten Stiles des J. vielfach zu Ungenauigkeiten, ja Unrichtigkeiten. Die Motivirungen, welche er dem Stoffe des J., oft im Gegensatze zu ihm hinzufügte, geben daher, bei dem grossen Abstande des P. von den Ereignissen, nur eine Ansicht von seiner Anschauung aber kein historisch brauchbares Material. Mehrfach scheint P. auch blos nach dem Gedächtnis zu referiren, wodurch sich mancher Widerspruch gegen seine Quelle erklären lassen würde.

Gleich die erste Stelle [1], bei welcher J. vorliegt, der Besuch und Tod des Westgothenkönigs Athanarich [1] in Constantinopel könnte als Muster der Arbeitsweise des P. hingestellt werden. Nur im Schlusssatze werden die Worte des J. benutzt:

P.
cujus exequias imperator ipse praecedens dignae eum sepulturae tradidit.

J.
.... dignae tradidit sepulturae ipse quoque in exequiis feretro ejus praeiens.

Der ganze übrige Bericht aber ist eine vollständige Umgestaltung des J., ja eigentlich eine ganz neue nach der Idee des P. gegliederte Erzählung. Selbst der Ausspruch des Athanarich: Deus sine dubio terrenus est imperator et quisquis adversus eum manus moverit ipse sui etc. wird bezeichnend für die

---

[1] p. 85. J. cp. 28.

Schreibweise des P. in s. d. d. t. e. i. contra quem quicunque manum levare nisus fuerit ipse... abgeändert. Die Gothengeschichte giebt auch für den Einfall Alarich's in Italien die Grundlage, in welche Orosius mit verwebt wird [1]. Als eigne Zuthat des P. erscheint die Motivirung des Halts der Gothen bei Pollentia: ob recuperationem jumentorum. Sonst ist bis zur Vermählung des Athaulf mit Placidia [2] nur der Name der Stadt Rhegium unabhängig von J. genannt. Auch für die Hochzeit Placidia's mit Constantius und die Beförderung [3] desselben zum Mitregenten stammen kleine Züge, das: dudum promissam und cernens Honorius ubique se Constantii virtute et ingenio seu per bella seu pacis moderatione tueri aus J. Ebendaher ist das Verwandtschaftsverhältnis zwischen Stilicho und Honorius entnommen [4].

In umfassendster Weise aber wird die Gothengeschichte von P. für den Einfall Attila's nach Gallien [5] ausgeschrieben, aber auch dieses Stück gerade mit grosser Freiheit und gelehrter Combination behandelt. Er lässt den Zug im Anfange seiner Darstellung nur gegen das abendländische Reich [6] gerichtet sein, während er kurz darauf mit J. Attila auch auf den Untergang der Westgothen sinnen [7] und im Augenblick nur die Verbindung jener mit den Römern fürchten lässt. Man sieht, Paulus schreibt römische Geschichte und verfährt nach diesem Geschichtspunct mit seiner Quelle. Auch verhandelt Valentinian nicht direct mit den Gothen, sondern Aetius, weil die-

---

[1] p. 91. J. cp. 30 u. 31. Or. 567.
[2] p. 92. J. 31.
[3] p. 99. Jord. cp. 32 paciscens cum Constantino ut aut bello aut pace vel quoquo modo si eam potuisset ad suum regnum revocaret eique eam in matrimonium sociaret.
[4] p. 93. Jord. cp. 30.
[5] p. 97. J. 35, 36, 37, 38, 40, 41.
[6] p. 97. Ad occidentale demoliendum animum intendit imperium. J. 35 primas mundi gentes Romanos Vesegothasque subdere peroptabat.
[7] p. 97. Agebat itaque hoc versuta barbaries quatenus si hos posset a societate dividere facilius utrosque singulari certamine proculcaret.

ser auch sonst in seinen Vorlagen in den Vordergrund [1]) tritt. P. bringt auch die Bedingungen der Gothen: minus sibi prospiciens firmissimum foedus, wie sie in den Verhältnissen liegen anstatt der Redensarten [2]) des J. Nun folgen die Bundesgenossen der Römer wörtlich aus dem cp. 36 entnommen, nur Alani cum Sangibano suo rege aus cp. 38. Dies ist ganz klar, nicht so einfach sind die Hilfsvölker Attila's herzuleiten. Rex ille Gepidarum famosissimus Ardaricus, Walamir etiam Gothorum regnator ipso cui tunc serviebat rege nobilior stammt aus cp. 38 [3]). Die Schwierigkeit beginnt mit den Marcomanni, Suevi, Quadi, praeterea Heruli, Turcilingi sive [4]) Rugi cum propriis regulis aliaeque praeter has barbarae nationes Aquilonis in finibus commorantes. Die Suevi, Heruli, Rugi sind aus dem cp. 50 des Jord. herangezogen, in welchem alle die Völker ausgezählt werden, die an dem Freiheitskampfe des Ardarich Theil nahmen und deren Sitze dort angegeben werden, denn P. erwähnt dafür an

---

[1]) J. cp. 36. Tanta patricii Aëtii providentia fuit ebenso bei Prosper 671.

[2]) a. a. O.

[3]) Inter quos Ostrogotharum praeminebat exercitus, Walamire et Theodemire et Widemire germanis ductantibus ipso etiam rege cui tunc serviebant nobilioribus . . . . . . eratque et Gepidarum agmine innumerabili rex ille fortissimus et famosissimus Ardaricus . . . . .

[4]) Auf dieses sive legt Pallmann II, p. 129—131 beim Nachweise der Zusammengehörigkeit der herulisch-rugischen Völkergruppe grossen Nachdruck, indem er sich darauf stützt, dass P. sive nicht für et braucht. Aus der Longobardengeschichte aber lässt sich dies besonders bei Aufzählungen nachweisen. Ich setze nur einige Stellen hier her.

I) cp. 9 siquidem omnis Italia . . . . Tyrrheni sive Adriatici maris fluctibus ambitur.

II) cp. 13 et doctus Fortunatus in arte grammatica sive rhetorica seu etiam metrica clarissimus extitit.

III) cp. 33 eo tempore fuit aquae diluvium in finibus Venetiarum et Liguriae seu ceteris regionibus Italiae.

Uebrigens fiele auch so schon die Benutzung des sive weg, wenn wir nachweisen, dass beide Stellen des P., an denen es vorkommt aus J. geschöpft sind.

entsprechender Stelle ¹), um Wiederholung ²) zu vermeiden nur die Gothen und Gepiden mit dem Zusatze ceteraeque Hunnis subjectae nationes. Schwerer zu erklären sind die Marcomanni und Quadi, doch auch für diese ist J. die Quelle. Beide Völker werden nebeneinander von J. cp. 16 ³) als Nachbaren der Gothen und von diesen unterworfen erwähnt, cp. 22 die Markomannen mit Gothen und Gepiden zusammen an der Donau ⁴). Von dort ab treten sie in keiner seiner Vorlagen mehr selbständig auf (nur einmal werden die Quaden, beim Tode Valentinan's I. genannt) ⁵), und so zählt sie P. unbedenklich an einem Platze mit auf, wo es ihm darauf ankam, eine grosse Macht durch möglichst viel Völkernamen darzustellen. Die Turcilingi aber sind von P. aus einer spätern Zeit hierher combinirt. J. 57 wird Odovakar rex Turcilingorum. et Rugorum genannt, auch sonst werden bei J. ⁶) die Turcilingen mit den Sciren und Herulen zusammengestellt. Dies genügt P. vollkommen ihr gemeinschaftliches Auftreten auch in früherer Zeit anzunehmen. Hiernach können wir Pallmann ⁷) Recht geben, wenn er auf diese kompilatorische Gelehrsamkeit des P. keine Schlüsse bauen will.

---

¹) p. 99. Jord. cp. 50.

²) Es ist dies wol ein Beweis für die Herleitung der Namen von dort, denn an jener Stelle liegt dem J., wie die Wendungen zeigen, Cassiodor vor, vergl.: nam ibi admirandum reor fuisse spectaculum ubi cernere erat cunctis pugnantem Gothum ense furentem, Gepidam in vulnere suo regum tela frangentem, Suevum pede Hunnum sagitta praesumere, Alanum gravi, Herulum levi armatura aciem instruere. Die Aufzählung erinnert an Apollin. Sidon carm. VII, 321—327.

³) Stetit sub pretio Marcomannus, Quadorum principes in servitutem redacti sunt.

⁴) Ubi Gepides sedent.... erant namque illis tunc ab oriente Gothi ab occidente Marcomanni.... a meridie Hister qui etc.

⁵) p. 82. Nach Aurel. Vict. cp. 45 legationi Quadorum respondens.

⁶) cp. 46. Non multum post Odovacer Turcilingorum rex habens secum Scyros Herulos diversarumque etc., und de r. s. l. 39 Odovacer genere Rugus, Turcilingorum Scirorum Herulorumque turbis munitus...

⁷) II. p. 38 ff. Doch hat dies Pallmann nicht durchgeführt, vergl. p. 111, 112.

Die proprii reguli sind die turba regum [1]) des J., die barbarae nationes Aquilonis in finibus commorantes entsprechen den aliaeque nonnullae Celticae vel Germanicae nationes [2]). Die nun folgende Beschreibung des Schlachtfeldes, die Eingeweideschau des Attila, die Schlacht sind eine Verarbeitung alles dessen, was J. [3]) von diesen Ereignissen berichtet, mit nur einem kleinen Zusatze aus Prosper [4]). Aber auch hier verfährt P. wieder selbständig. Die abgeschmackte Schilderung der Furcht Attila's [5]) vor Beginn des Kampfes, welcher J. im Laufe der Erzählung selbst widerspricht, wird weggelassen. Das übertriebene necem Aëtii ... vel cum sua perditione duceret expetendam ersetzt P. durch das jedenfalls vernünftigere vel cum suorum perditione. Ebenso weicht er von J. bei der Einschliessung des Attila in seiner Wagenburg ab, indem er sie erst nach dem Bekanntwerden von Theoderich's Tode ansetzt.

Nachdem dann die bei J. nicht berichtete Rückkehr Attila's nach Pannonien von P. aus Prosper in die Erzählung hineincorrigirt worden ist, folgt der Einbruch nach Italien [6]) und die Belagerung von Aquileja. Diese Belagerung aber dehnt P. auf ein triennium aus, ganz gegen seine Quellen [7]). Auch hier bringt er Züge aus seiner Anschauung an. So lässt er die Hunnen, non valentes famis tolerare penuriam, murren. Nach der Zerstörung Aquilejas geht er zur Aufzählung der Städte über, welche darauf von den Hunnen verwüstet wurden. Aus J. sind nur Ticinum und Mediolanum, die übrigen setzt er dazu als Ausführung der reliquas Venetum civitates [8]), deut-

---

[1]) cp. 38.   [2]) cp. 36.   [3]) cp. 36, 37, 40, 41.
[4]) In quo proelio — superatum Prosp. 671.
[5]) 37. diffidens suis copiis, metuens inire conflictum u. praelium cum trepidatione committit. Dazu cp. 40 regem adhuc et in supremo magnanimo.
[6]) J. cp. 42.
[7]) J. u. Prosper. Wahrscheinlich beruht dies auf Lokaltradition, wie die Erzählung von der Jungfrau Digna. Schon bei Sigonius de occ. imp. p. 948. Anm. 100 sucht man dies durch trimestre zu erklären.
[8]) p. 98. Exinde per universas Venetiae urbes hoc est Vincentiam, Veronam, Brixiam Bergomum seu reliquas ... Hunni bachabantur.

lich ist dies daraus zu erkennen, dass den Namen ein hoc est vorangeht. Merkwürdig ist bei Mailand und Pavia das unwahrscheinliche ab igne tamen abstinentes et ferro. Die Städte der Provinz Aemilia stellen das pene totam Italiam des J. vor. Nach J. folgt auch die Gesandtschaft des Papstes Leo. Ehe nun der Tod Attila's erzählt wird, tritt uns P. noch einmal als selbständiger Bearbeiter des von J. gegebenen Stoffes recht deutlich entgegen. Die Drohungen Attila's [1]), welche er nach J. bei seinem Abzuge aus Italien gegen Valentinian ausstösst, wenn dieser ihm nicht seine Schwester Honoria, welche sich, von ihrem Bruder aus Gründen der Staatsraison eingeschlossen, dem Hunnen zur Ehe angeboten hatte, mit dem ihr zukommenden Vermögen überschicken würde, verwerthet P. für eine eigne Episode [2]). Attila nach Pannonien zurückgekehrt, empfängt dort den Boten Honoria's, kann aber wegen der „Erschöpfung" [3]) seines Heeres nicht sofort aufbrechen und begnügt sich daher vorläufig mit Drohungen. P. lässt ihn vom Kaiser die Schwester cum parte regni debita verlangen; in diesem Begehren ist das cum portione sibi regalium opum debita des J. kaum wieder zu erkennen [4]). Es ist auch nicht einzusehen, wie P. zu diesem ungewöhnlichen Erbanspruche gekommen ist, er muss als eine gelehrte Ungenauigkeit erklärt

---

[1]) J. cp. 42.

[2]) Diese romanhafte Sendung spielt, wie aus Priscus hervorgeht, vor dem Zuge Attila's nach Gallien, vergl. ed. Bonnens, p. 151. Ὅτι ὡς ἠγγέλθη τῷ Ἀττήλᾳ τὸν Μαρκιανὸν ἐς τὰ κατὰ ἕως Ῥωμαϊκὰ παρεληλυθέναι βασίλεια, ἠγγέλθη δὲ αὐτῷ καὶ τὰ τῆς Ὀνωρίας περιγεγενήμενα πρὸς μὲν τὸν κρατοῦντα τῶν ἑσπερίων Ῥωμαίων ἔστελλε τοὺς διαλεξομένους μηδὲν Ὀνωρίᾳ πλημμελεῖσθαι ἡ ἑαυτῷ πρὸς γάμον κατενεγγυήσε etc. und weiter unten: τῆς μάχης αὐτῷ μὴ μόνον πρὸς Ἰταλιώτας ἀλλὰ καὶ πρὸς Γότθους καὶ Φράγγους ἐσομένης πρὸς μὲν Ἰταλιώτας ὥστε τὴν Ὀνωρίαν μετὰ τῶν χρημάτων λαβεῖν etc.

[3]) Nec statim fatigato exercitu regredi poterat, eine merkwürdige Ermüdung bei den Hunnen.

[4]) Gibbon und nach ihm Gregorovius, Gesch. d. Stadt Rom I, 190 nehmen diesen „Anspruch auf einen Theil des Reiches als Mitgift" auf.

werden. Weiter wird dann nach J. der Tod Attila's und der Traum des Kaisers Marcian berichtet ¹). Bei dem Marsche Theoderich des Grossen nach Italien holt P. die Geschichte der Ostgothen seit Attila nach. Auch hier ist der Bericht des J. gänzlich umgestaltet. Bei J. tritt die Gestalt des Gepidenkönigs Ardarich bei dem grossen Freiheitskampfe gegen die Söhne Attila's in den Vordergrund, er steht zuerst auf und reisst die übrigen Völker darunter die Gothen mit fort ²). In der hist. rom. empört sich Walamir und Ardarich mit den übrigen Unterworfenen thut dann dasselbe, später werden die Gothen sogar die Anstifter des Abfalls genannt ³). Hier hilft auch keine Annahme einer Benutzung des Cassiodor, denn sonst hätte doch J. vor allen diese den Gothen so überaus günstige Version gebracht, sondern wir haben hier eine eigenmächtige Umarbeitung des vorliegenden Berichts. Den Erfolg der Schlacht, welche darauf die Ostgothen den Hunnen liefern ⁴): ut de reliquo qui superfuerunt Hunni Ostrogothorum arma formidarent nimmt P. von dem zweiten Kampfe gegen Dinzio den Sohn Attila's ⁵), welchen er der Kürze wegen übergeht. Auch hier also liegt die Willkür des P. klar zu Tage.

Es folgt die Geschichte Theodemir's und Widemir's, sowie die Jugendgeschichte Theoderich's ziemlich genau nach J. ⁶). Erst bei den Ursachen des Zuges nach Italien führt P. wieder selbständig das: Theodericus... gentemque.. non omnino idoneam aut refertam audiret ⁷) weiter aus, indem er dazu aus

---

¹) p. 38. J. cp. 49.
²) J. cp. 50. Ardaricus ... primus insurgit ... nec solum suam gentem sed et ceteras, quae pariter premebantur sua discessione absolvit.
³) p. 99. Hunni vero dolentes Walamirum ejusque exercitum non solum se a suae ditionis jugo excussisse sed etiam ceteris nationibus, ut similia facerent incentores fuisse.
⁴) Jord. cp. 52.
⁵) J. cp. 53. Ut jam ex illo tempore, qui remanserant Hunni et usque hactenus, Gothorum arma formident.
⁶) cp. 52, 53, 54, 55, 56, 57.   ⁷) cp. 57.

früheren Capiteln des J. Motive heranzieht [1]). Der weitere Gang der Verhandlungen mit Zeno und die Entlassung Theoderich's sind auch nach J. berichtet. Nur das sacrum velamen und das pragmaticum machen Schwierigkeiten. Pragmaticum dem P. aus Ennodius [2]) geläufig wird nichts als die Uebersetzung von annuit quae poscebat, das velamen sacrum [3]) aus vobis donantibus regnum illud possideam gemacht sein. Nicht anders als aus Schlüssen herrührend kann die Besiegung Trapstilla's und Busa's erklärt werden. Den Namen Trapstilla's leite ich unbedenklich aus J. her [4]), möglicherweise steckt hinter Busa der Beuga oder Beuca des J. [5]). Die Kämpfe selbst stammen aus dem Panegyrikus des Ennodius [6]).

---

[1]) P. 99 u. 100.
Dum eis per fidei sanctionem praedas agere more solito non liceret nec tamen ab imperatore oblata stipendia sufficere possent, caepere non mininam egestatis penuriam pati. Execrantur foedus compositum vituperant inutilem pactionem mittuntque etc.

J.
cp. 53. Postquam ergo firma pax Gothorum cum Romanis effecta est videntes Gothi non sibi sufficere ea quae ab imperatore acciperent solatia etc.
cp. 56. Minuentibus deinde hinc inde vicinarum gentium spoliis, coepit et Gothis victus vestituque deesse et hominibus quibus dudum bella alimoniam praestitissent, pax coepit esse contraria omnesque cum clamore magno ad regem Theodemir accedentes Gothi erant etc.

[2]) vita Ep. 1678 b.
[3]) Die Insignien erhielt Th. erst von Anastasius, vergl. Anon. Vales. §. 64 facta pace cum Anastasio imperatore per Festum de praesumptione regni et omnia ornamenta palatii, quae Odoachar Cplim transmiserat remittit.
Pallmann II, p. 424 hält dies für Spuren der späteren Zeit, wo schon das Lehnsverhältnis ausgebildet wurde.
Vergeblich hatte Th. schon früher verhandelt, vergl. §. 53 et mittens legationem Theodericus Faustum caput Senatus ad Zenonem imperatorem et ab eodem sperans vestem se induere regiam.
[4]) cp. 58. Expulso rege ejus Transarico filio Trasstilae. vergl. Waitz, Nachrichten v. d. k. Ak. d. Wiss. u. d. G. A. Universität 1865 p. 101.
[5]) cp. 54.   [6]) vergl. oben vita des Epiphanius.

Sodann verdankt P. dem J. ¹) den Marsch mit dem Lager am Isonzo, während für den Krieg in Italien andere Quellen eintreten. J. wird dann erst wieder bei den Verwandtschaftsbeziehungen Theoderich's mit den auswärtigen germanischen Königen benutzt ²), wobei denn auch der Irrthum, welcher den P. in der Verwandtschaft der vandalischen Könige leitet, consequent gegen J. durchgeführt wird ³). Aus demselben Kapitel wird die Besiegung der Franken und die Ordnung der westgothischen Verhältnisse übernommen.

Zum letztenmal erscheint J. als Quelle für die kurze Regierung des Athalarich und bis zum Tode der Amalasuntha. Auch hier noch läuft eine Nachlässigkeit mit unter, die Regierungszeit wird nur auf vier Jahre ⁴) angegeben. Ebenso ungenau ist die Erhebung Athalarich's zum Könige durch die Gothen ⁵).

Wörtlicher als in der Gothengeschichte folgt P. dem J. in dem Abriss der Weltgeschichte ⁶), deren einfacherer Stil — J. erscheint hier mehr als reiner Compilator — ihm mehr zusagen mochte. Schon die erste ausgeschriebene Stelle gewährt einen Einblick in das Verfahren des P. Nur ein Satz ist verallgemeinert:

p. 82, 83.	J. p. 238.
Hic enim Valentinianus dudum laudante uxore sua pulchritudine Justinae sibi eam sociavit in matrimonio legesque propter illam concessit, ut omnes qui voluissent impune bina matrimonia susciperent, nam ideo populosas fore gentes, quia hoc apud eas etc.	nam senior Valentinianus dudum laudante Severa uxore sua pulchritudinem Justinae sibi eam sociavit in matrimonio legesque propter illam concessit, ut omnes viri qui voluissent impune bina matrimonia susciperent quia ideo populosa Arsorum gens est, quia hoc etc.

---

¹) cp. 57.   ²) p. 100. J. cp. 58.
³) P.   J.
Amalafredam germanam suam | Amalafredam germanam suam....
Vandalorum regi Honorico. | Africae regi Vandalorumque conjugem dirigit Trasemundo.
⁴) p. 104 J. 59.   ⁵) p. 103. J. 59.
⁶) Muratori I, 1 p. 222 ff.

Dann sind einzelne kleine Züge für den Gothenkrieg und Tod des Valens ¹) aus J. entnommen. Die tapfere Vertheidigung Constantinopels durch die Augusta Dominica ist wieder wörtlich ausgeschrieben. Auch die Familienverhältnisse Theodosius ²) des Grossen sind nach J. erzählt. Der Einfall des Odovakar bei P. ³) geht auch auf J. zurück: Odovacer cum fortissima Herulorum multitudine, fretus insuper Turcilingorum sive Scirorum auxiliis Italiam ab extremis Pannoniae finibus properare contendit ist aus Odovacer genere Rugus, Turcilingorum Scirorum Herulorumque turbis munitus Italiam invasit und der vita Severini ⁴), wo Barbaren unter ihnen Odovakar den Heiligen um des Segens willen angehen zusammencombinirt ⁵), ein Muster paulinischer Combination. Es folgt bei P. nach J. der Einfall des Theoderich Strabo in Italien wörtlich. Einige Nachrichten über den Gothenkrieg in Italien stammen auch von hier, so die Erhebung des Ildebald und Errarius.

Diese Auszüge aus J. sind für die selbständige Arbeit des P. benutzt, auch für die Interpolation des Eutrop wird J. verwerthet. Es sind dies die Stellen, welche Hartel ⁶) dem Florus zuschreibt.

Nun stimmt allerdings der grösste Theil derjenigen Stellen, welche P. aus dem Florus ausgeschrieben haben soll, wörtlich mit dem Texte desselben überein — aber zugleich auch mit J. — Die einzige Ausnahme bildet die Erzählung des Gallierkrieges vom Jahre 225—222 vor Ch., diese entscheidet endgiltig für J. ⁷).

P.	J.	F.
... discinxit et quia dux eorum de roma-	... discinxit et quod dux eorum de roma-	.. discinxit mox Ariovisto duce vovere

---

¹) p. 84. J. p. 238. ²) p. 89. J. a. a. O.
³) p. 99. J. p. 239. ⁴) vergl. oben.
⁵) Dies hat schon Pallmann II, p. 301 ff. nachgewiesen. Nur bleibt es mir unverständlich, dass Pallmann p. 294 „die Grenzen Pannoniens" beibehält. Diese Grenzen sind bei Paulus die Donau, hergenommen aus dem cp. 50 und 53 der Gothengeschichte.
⁶) p. 296, 297. ⁷) p. 16. Jord. p. 230. Florus II, 4.

no milite Marti suo torquem aureum devotasset de ipsius Ariovistonis reliquorumque Gallorum torquibus aureum trophaeum Jovi erexit.	no milite praedam Marti suo torquem aureum devotasset intercepit Jupiter votum et de ejus ipsius Ariobistonis aliorumque Gallorum torquibus aureum trophaeum Jovi erexit Flamininus.	de nostrorum militum praeda Marti suo torquem. Intercepit Jupiter votum. Nam de torquibus eorum aureum trophaeum Jovi Flamininus erexit.

Annalistische Aufzeichnungen.

Nachdem wir bis hierher die Arbeitsweise des P. verfolgt haben, sind wir schon in den Stand gesetzt, ein festes Urtheil über ihn zu besitzen, so dass wir bei dem Abschnitte seines Werkes, welcher die Zeit der Söldnerkaiser behandelt, für die P. bis zur Veröffentlichung der Fragmente des Johannes Antiochenus [1]) die einzige ausführlichere Quelle war und zum Theile noch ist, den Massstab für die Beurtheilung aus ihm selber nehmen können.

Diese Stellen, welche uns zeigen, dass P. — wir möchten der Benutzung wegen sagen leider — werthvolle Vorlagen vor sich gehabt hat, lassen uns deren Verlust nur um so schmerzlicher bedauern, da es unmöglich ist, zu scheiden, was P. überliefert überkam und was seine eigene Zuthat ist.

Diese Nachrichten des P. beruhen deutlich auf annalistischen Aufzeichnungen, welche grösstentheils mehr oder minder auf Ravenna [2]) als Entstehungsort hinweisen, ohne dass es

---

[1]) Fragmenta historicorum Graecorum ed. C. Müller Paris 1851, pars IV, p. 535 ff. Müller p. 536 setzt den Joh. Ant. um 610—650, Pallmann II, p. 268, 600—750. Ueber die Vorzüglichkeit seiner Nachrichten sind Müller p. 538, Pallmann p. 267 und Wietersheim IV, p. 387 einig. Vergl. die Mittheilungen von Th. Mommsen, Hermes VI, p. 323 und Köcher de Joannis Ant. aetate fontibus auctoritate, Bonn 1871.

[2]) Ueber die Ravennatischen Annalen, vergl. Waitz, Nachrichten von der k. Akad. d. Wiss. u. der G. A. Universität. 1865, p. 81 ff.

jedoch möglich wäre, überall die einzelnen Quellen festzustellen und auscinander zu halten. Aus der Vereinigung und Uebereinstimmung (um damit das Wort Kritik zu vermeiden) der verschiedenen Nachrichten durch P. wird sich mancher Irrthum unseres Autors erklären lassen, wie auf dieser unsicheren Grundlage der scheinbare Reichthum der Erzählung beruht, welcher immer wieder zu einer Benutzung einlud, zumal da die Zeit, wie aus dem oben gesagten hervorgeht, so nachrichtenarm ist.

Die Spuren derartiger Aufzeichnungen können wir bei Paulus sporadisch schon im 14 Buche constatiren, am meisten hervortretend ist ihre Vorlage vom Ende des 15. Buches bis zum Tode Zeno's.

Wir gehen bei der Betrachtung von denjenigen Stellen aus, welche noch an vorhandene Quellen anklingen und auf einen sicheren Zusammenhang mit diesen hinweisen. Am deutlichsten ist die Verwandtschaft einiger Nachrichten mit der Cassiodorischen Chronik.

C. zum J. 469.
His coss. Arabundus imperium temptans jussu Anthemii exilio deportatur.

P. p. 98.
Sequenti anno Servandus Gallorum praefectus imperium tentans invadere jussu Anthemii principis in exilium trusus est.

z. J. 470 [1]).
His coss. Romanus patricius affectans imperium capitaliter est punitus.

Rursus annali emenso spatio Romanus patricius imperii jam fraudulenter satagens arripere dignitatem praecipiente Anthemio capite caesus est.

C. z. J. 472 [2]).
His coss. patricius Ricimer

P. p. 99.
Deinde barbarica perfidia

---
[1]) Joh. Ant. fragm. 207.

Ὅτι ὁ τῶν Ἑσπερίων βασιλεὺς Ἀνθέμιος, νόσῳ περιπεσὼν ὑπὸ μαγγανείας χαλεπῇ, πολλοὺς ἐπὶ τούτῳ ἁλόντας ἐκόλασε μάλιστα Ῥωμανὸν ἐν τῇ τοῦ μαγίστρου ἀρχῇ τελέσαντα καὶ ἐν τοῖς πατρικίοις ἐγγεγραμμένον, ἐπιτήδειόν τε ἐς τὰ μάλιστα ὄντα τῷ Ῥεκίμερι.

[2]) Joh. Ant fragm. 209.

Romae facto imperatore Olybrio Anthemium contra reverentiam principis et jus adfinitatis cum gravi clade civitatis extinguit. Qui non diutius peracto scelere gloriatus post XL dies defunctus est. Olybrius autem VII. imperii mense vitam peregit.

foedus Ricimer rumpens... cum manu mox valida ad urbem contendit atque apud Anienis pontem castra posuit. Divisa itaque Roma est et quidam favebat Anthemio, quidam vero Ricimeris perfidiam sequebantur. Inter haec Olybrius a Leone Augusto missus ad urbem venit, vivoque adhuc Anthemio regiam adeptus est potestatem.......... Extincto Billimere mox victor Ricimer urbem invadens IV jam annos agentem jura imperii Anthemium gladio trucidavit. Praeter famis denique morbique penuriam quibus eo tempore Roma affligebatur, insuper etiam gravissimime deprae-

"Ότι ὁ Ῥεκίμερ εἰς διαφορὰν πρὸς τὸν Ἀνθέμιον καταστὰς τὸν βασιλέα τῶν Ἑσπερίων, καὶ ταῦτα θυγατέρα αὐτοῦ κατεγγυηθεὶς Ἀλυπίαν, ἐμφύλιον ἔνδον τῆς πόλεως συνεκρότησε πόλεμον, ἐπὶ μῆνας θ' (l. ἕ.) καὶ Ἀνθεμίῳ μὲν συνεμάχουν οἵ τε ἐν τέλει καὶ ὁ δῆμος, τῷ δὲ Ῥεκίμερι τὸ τῶν οἰκείων βαρβάρων πλῆθος... καὶ ὁ μὲν Ἀνθέμιος κατῴκει ἐν τοῖς βασιλείοις ὁ δὲ Ῥεκίμερ τὰ περὶ τὸν Τίβεριν διαφράξας, λιμῷ τοὺς ἔνδον ἐβιάζετο. Ἐνθεῦθεν αὐτοῖς συμβολῆς γενομένης, πολύ τῆς Ἀνθεμίου κατέπεσε μοίρας τοὺς δὲ λοιποὺς ὁ Ῥεκίμερ παραστησάμενος δόλῳ, βασιλέα τὸν Ὀλύβριον ἀποδείκνυσιν πέντε γοῦν διόλου μῆνας ἐμφυλίας τῆς Ῥώμης ἐπεκράτει πόλεμος· ἄχρις οὗ τῶν περὶ τὸν Ἀνθέμιον ἐνδόντων τοῖς βαρβάροις καὶ τὸν βασιλεύοντα γυμνὸν καταλιπόντων, αὐτοῖς τοῖς πτωχεύουσιν ἀναμιχθείς, ἐν τοῖς πρόσφυξι τοῦ μάρτυρος Χρυσογόνου γίνεται. Ἐκεῖ τε τῆς κεφαλῆς ἀποτέμνεται ὑπὸ Γονδουβάνδου τοῦ Ῥεκίμερος ἀδελφοῦ, βασιλεύσας ἔτη πέντε, μῆνας γ' ἡμέρας ὀκτωκαίδεκα. 2. Ὁ δὲ Ῥεκίμερ αὐτὸν μὲν βασιλικῆς ἠξίωσε ταφῆς, τὸν δὲ Ὀλύβριον ἐπὶ τὴν βασιλείαν ἀνήγαγεν (αὐτόν). Ὀλυβρίου δὲ κατὰ τὸν εἰρημένον τρόπον τὴν Ῥωμαίων παρειληφότος ἀρχήν, Ῥεκίμερ ἡμερῶν εἴσω λ' καταλύει τὸν βίον αἵματος αὐτῷ πλείστου ἐξεμεθέντος.

> data est et exceptis duabus regionibus, in quibus Ricimer cum suis manebat caetera omnia sunt praedatorum aviditate vastata. Sed non diutius de perfidia laetatus est Ricimer, nam post mensem tertium excruciatus languoribus et ipse interiit.

Wir erkennen auf den ersten Blick, dass P. hier aus dieser Chronik [1]) aber nicht allein aus ihr, sondern ausserdem auch noch aus einer weit umfangreicheren Quelle mit genauen Angaben, von dem Process des Arvandus [2]) an und weiter, wie wir sehen werden, bis zur Entthronung des Glycerius geschöpft hat. Arvandus hat den ihm zukommenden Titel [3]), bei Romanus wird der Befehl des Anthemius hervorgehoben, der Kampf des Ricimer mit den Belagerten an der Brücke des Hadrian, die Verwandtschaft des Gundobad mit Ricimer, die Bezeichnung des Glycerius als domesticus [4]), alle diese Daten sind genau und werden zum Theil durch Joh. Ant. bestätigt. Bei diesen Nachrichten, welche, wenn wir die dürftigen Notizen über die Herrschaft Odovakar's damit vergleichen, fast den Eindruck eines Bruchstückes machen, könnte man wieder an die Gothengeschichte Cassiodor's denken, wenn es sich nachweisen liesse, dass diese die Verhältnisse der Zeit der Söldnerkaiser so ausführlich berührt hätte, dem auch zu widersprechen scheint, dass Jordanis [5]) an dieser Stelle sehr kurz ist und fast nur die Chronik Marcellin's ausschreibt.

---

[1]) Aus ihr stammt auch die Erwähnung der Bauten Theoderich's p. 100.

[2]) Denn so lautet der Name bei Apollinaris Sidonius lib. I, ep. VII, ed. Sirmond I, p. 855, wo der Hergang des Processes erzählt wird.

[3]) vergl. Ap. Sid. a. a. O.

[4]) Joh. Ant. a. a. O. Τὴν δὲ τοῦ Ῥεκίμερος ὑπεισελθὼν Γοινδούβαλης, ἀτειμιὸς ὢν αὐτοῦ, Γλυκέριον, τὴν τοῦ Κόμητος τῶν δομεστίκων ἀξίαν ἔχοντα, ἐπὶ τὴν βασιλείαν ἄγει.

[5]) cap. 45.

Waitz [1]) macht darauf aufmerksam, dass Cassiodor in seiner Chronik nur ein Excerpt der Ravennatischen Fasten giebt, ebenso sagt Mommsen [2]), dass C. für die Jahre 455—495 aus der Ravennatischen Chronik, welche mit der Chronographie von 354, freilich in zerrütteter und verkürzter Gestalt erhalten ist, höchst wahrscheinlich geschöpft habe. Wir werden auch mit einiger Sicherheit von Paulus annehmen können, dass ihm neben Cassiodor dieselben Aufzeichnungen — allerdings ist nicht festzustellen, ob mittelbar oder unmittelbar und in welcher Form — vorgelegen haben, wenn wir sehen, dass die Nachrichten dieser verkürzten Chronik und der Cassiodorischen sich für P. merkwürdig ergänzen und dass P. mehrfach Daten vor sich hatte, welche ganz mit dem Character des Anonymus Cuspiniani übereinstimmen, welche zugleich auch auf ein vollständigeres Exemplar hindeuten.

P. p. 99.	C.	Anon. Cusp.
Mortuo Ricimere Olybrius imp. Gundibarum ejus nepotem patricium effecit. Olybrius quoque dum septem menses imperium gessisset morte propria Romae defunctus est. Post hujus funus Licerius domesticus a Gundibaro pat. totius etiam voluntate exercitus apud Ravennam imperator efficitur.	z. J. 472. Olybrius autem VII imperii mense vitam peregit. z. J. 473. his coss. Gundibado hortante Glycerius Ravennae sumpsit imperium.	z. J. 472. eo anno Gundobadus patricius factus est ab Olybrio imperatore et defunctus est imp. Olybrius Romae X kal. Novemb. z. J. 473. hoc cos. levatus est imp. Glycerius Ravennae III non. Mar.

Doch reicht diese Annahme hier nicht aus, wo die erzählten Ereignisse sich hauptsächlich in Rom zutragen. Wir kommen auf die fragliche Quelle weiter unten zurück.

---

[1]) p. 98.
[2]) Abhandlungen der k. sächs. Gesellschaft d. W. VIII. Band. Die Chronik des Cassiodorus Senator p. 570.

Ein Zusammenhang des P. mit der Ravennatischen Chronik findet auch sonst noch statt. Das Erdbeben in Rom im Jahre 443 wird nur von ihr überliefert (Ms. B.):

P. p. 96.	A. C.
sub his fere diebus ita terribili terrae motu Roma concussa est, ut plurimae ejus aedes aedificiaque corruerint.	his coss. terrae motus factus est Romae et ceciderunt statuae et portica nova.

Hierher gehört wol auch die Erwähnung der Mauren bei der Plünderung Roms durch Geiserich, welche P. bei Prosper nicht fand, welche dagegen die Recension B. bringt ¹).

Zur Kritik des P. finden sich auch in diesen Stellen Beiträge. Das sequenti anno für den Process des Arvandus verräth, dass er eine Nachricht weggelassen hat, denn im Zusammenhange ist es unrichtig. Anthemius übernahm nach C. und dem An. Cusp. im Jahre 467 die Regierung, im folgenden Jahre wird Marcellin auf Sicilien getödtet, und erst 469 ist nach C. der Fall des Arvandus. Bei dem Streite des Anthemius und Ricimer giebt P. eine Nachricht, die in ihrer ganzen Fassung höchst verdächtig ist:

Billimer Galliarum rector cognita adversus Anthemium conspiratione Ricimeris Anthemio ferre praesidium cupiens Romam properavit. Is cum Ricimere apud Adriani pontem praelium committens continuo ab eo superatus·atque occisus est. Extincto Billimere mox victor Ricimer urbem invadens etc. Wietersheim ²) sucht diese Erzählung mit dem Bericht des Joh. Ant. zu vereinigen, obgleich er bemerkt, dass Billimer als rector „Civilbefehlshaber" ³) nicht aufgefasst werden könne. Ich glaube aber, bei der genauen Angabe der Titel, die wir oben bemerkt haben, muss auch dieses rector Galliarum festgehalten werden. Wir erhalten dadurch wieder nur eine Combination des P. Man könnte sich die Vorlage des P. etwa in

---

¹) P. p. 98. Gensericus... fultus insuper praesidio Maurorum... An. Cusp. Et Mauri Romam venerunt et pugnaverunt cum Vandalis.
²) IV, p. 425.
³) vergl. Cassiod. Var. VI, 21, notitia dignit. part. occ. annot. I, p. 332, II, p. 1180 ff.

folgender Weise denken: et pugna facta est ad pontem Adriani et occisus est Billimer Galliarum rector et intravit Ricimer urbem. Nach den Worten des Joh. Ant. τῶν οἰκείων βαρβάρων πλῆθος könnte man sogar nicht ganz ohne Grund vermuthen, das Billimer auf Seiten des Ricimer gestanden habe. Jedenfalls ist diese ganze Episode nach P. nicht benutzbar. Hervorzuheben ist auch der Tod des Ricimer: post mensem tertium. Der An. Cusp. sagt: et occisus est imp. Anthemius v. id. Julias. Et defunctus est Ricimer XV. kl. Sept. und Cassiodor: post XL dies, es liegt nahe, dass P. statt XL dies des C. XC gelesen hat. Auch der Tod des Olybrius: morte propria lässt sich nicht belegen, vielleicht liegt ein Compromiss zwischen zwei verschiedenen Nachrichten vor. C. und An. Cusp. wissen nichts davon und Joh. Ant. schreibt: Ὀλύβριος ... ὑδέρῳ συσχηθεὶς μεταλλάττει. Wir sehen auch hier schon wieder, dass P. Unrichtigkeiten in seine Vorlagen hineinträgt.

Die zunächst anzuführende Stelle erinnert sehr an eine andere Ableitung der Ravennatischen Chronik, den Anonymus Valesii [1]).

A. V. §. 36.

Igitur superveniens Nepos patricius ad portum urbis Romae deposuit de imperio Glycerium et factus est episcopus.

P. p. 99.

Anno deinde sequenti inopinate Nepos patricius cum exercitu veniens Licerium regia exuit potestate, eumque apud Salonas Dalmatiarum urbem episcopum ordinavit.

Der Zusatz apud Salonas Dalmatiae kann auch aus Jordanis [2]) herübergenommen sein. Auf denselben mit dem An.

---

[1]) Abgedruckt hinter Ammianus Marcellinus ed. Wagner, Leipzig 1808, p. 616 ff. Ueber den Zusammenhang des An. Vales. mit der Rav. Chronik, vergl. Mommsen a. a. O. und den Chronographen von 354 Abhandlungen der k. sächs. Gesellschaft der Wissenschaften, II. Band, p. 657. Waitz a. a. O. p. 88. ff.

[2]) p. 239. Qui Nepos .... Glycerium ... ab imperio expellens in Salona Dalmatiae episcopum fecit.

Val. gemeinschaftlichen Ursprungsort deutet die Spende Theoderichs an die Römer.

A. V. §. 65.

Cui papa Symmachus et cunctus senatus vel populus Rom. cum omni gaudio extra urbem occurrentes §. 67 Donavitque populo Romano et pauperibus annonas singulis annis centum viginti millia modios....

P. p. 100.

Nec multo post Romam profectus a Romanis magno gaudio susceptus est, quibus ille singulis tritici ad subsidium annis centum viginti millia modiorum concessit.

Darüber, dass Nepos in Rom als Kaiser folgt, schweigt P. und auch seinen Sturz erzählt er nicht gerade richtig, wie eine Gegenüberstellung mit Cassiodor zeigt:

C. z. J. 474.

hoc cos. imp. Leo defunctus est, cui Zeno successit imperio...

z. J. 475.

eodem anno Orestes Nepote in Dalmatias fugato filio suo Augustulo dedit imperium.

P. p. 99.

Mortuo Leone Zeno continuo Augustalem nactus est dignitatem... ipso quoque anno Augustulus apud Italiam adversus Nepotem cum exercitu veniens effugato eo imperii regimen invasit.

Wir erfahren nichts von der Erhebung des Orestes, Augustulus tritt selbständig auf und zugleich ist die Chronologie verwirrt.

Auf diese Nachricht folgt der Friedensschluss Westroms mit Geiserich durch Orestes: Annali deinceps circulo evoluto cum rege Vandalorum Genserico foedus initum est ab Oreste patricio. Sonst nirgends überliefert, deutet das „annali circulo evoluto" auf die Benutzung einer positiven Angabe. Wäre es nur nicht P., der dies berichtete. Die Fassung ist einfach und klar, wie eine Notiz aus unseren vorhandenen kurzen Aufzeichnungen. Aber sie steht gerade hier mitten unter lauter Irrthümern des P. Man vergleiche die Verwandtschaft der beiden Leo, die eben erwähnte Erhebung des Augustulus und den sogleich folgenden „Einfall" des Odovakar und man wird zweifelhaft sein, ob dann noch Verlass auf diese sonst nicht beglaubigte Thatsache ist. Ostrom verhandelte in demselben

Jahre mit den Vandalen durch den „patricius" Severus [1]), es wäre durchaus nicht undenkbar, dass P. darauf eine bezügliche Nachricht auf den Occident und Orestes übertragen hätte. Man denke nur an die Verwirrung der Verwandtschaftsverhältnisse in der Vandalischen Königsfamilie, welche er gegen seine Quellen consequent durchführt. Auch die Entthronung des Augustulus stellt P. abweichend von den erhaltenen Quellen dar. Er spricht von einer freiwilligen Abdankung desselben: sponte miserabilis purpuram abjiciens, um kurz darauf: igitur dejecto ab Augustali dignitate Augustulo zu sagen. Zu bemerken ist aber, dass auch hier mit dem Anon. Cusp. [2]) übereinstimmende Daten benutzt sind: cum vix XI mensibus rempublicam obtinuisset.

Es folgt bei der Schlacht bei Verona die Besetzung der Stadt durch Theoderich und die Flucht Odovakar's nach Rom [3]). Waitz [4]) hat schon nachgewiesen, wie dies nur eine Combination des P. sein kann. Wenn Pallmann [5]) bei dieser Nachricht geltend macht, dass P. hier eine Thatsache berichtet und er solche nicht erfinde, so haben wir dieses als Folge von Misverständnissen schon zur Genüge gesehen. Für die Vermuthung von Waitz, dass der ganze Irrthum dadurch verursacht worden sein könne, dass P. in seinem Exemplar der Ravennatischen Annalen „urbs" für Ravenna fand, giebt uns P. selbst eine Parallele bei dem Tode des Honorius [6]): Honorius... rem publicam, ut cupierat, pacatam relinquens apud urbem Romam vita exemptus est. Die sogenannten Fasten des Idatius [7]) sagen: his conss. Honorius Augustus recessit Ravennae, ebenso die Chronik des Idatius [8]): Honorius actis tricennalibus Ravennae obiit. Zu der Verwüstung der Campagna haben wir

---

[1]) vergl. Papencordt p. 105. Malchi excerpta ed. Bonnens p. 261.
[2]) z. J. 475. Eo anno Augustulus imp. levatus est Ravennae a patricio Oreste patre suo prid. kl. Novemb.
z. J. 476. His conss. levatus est Odoacar X. kal. Septembris.
[3]) p. 100.   [4]) a. a. O. p. 106.   [5]) II, p. 452.
[6]) p. 93.   [7]) Roncall. II, p. 100.
[8]) Roncall. II, p. 21. Ebenso der Kaiserkatalog p. 249 Honorius obiit Ravennae.

als Seitenstück die von P. erfundene Verwüstung der Umgegend und Stadt von Pavia durch die Rugen, welche wir bei der Benutzung der vita des Epiphanius erwähnten. Kurz wir erkennen, dass dieser Zug durchaus nicht über das Erfindungsvermögen unsers Autors hinausgeht und eben nichts als eine Combination ist. Ich bemerke noch, dass P. zwar den Verrath des Tufa (aus dem Ennodius), aber nicht die Schlacht an der Adda kennt und Theoderich direkt von Ticinum nach Ravenna aufbrechen lässt; vielleicht fand er in einer unvollständigen Vorlage eine zweimalige Flucht Odovakar's nach Ravenna, die ihm seine Combination noch erleichterte.

Bei der Darstellung der Belagerung Odovakar's in Ravenna verfährt P. ebenfalls mit grosser Freiheit, indem er ein lebendiges Bild derselben zu geben sucht. Doch scheint diese Erzählung zum grossen Theile auf Jordanis [6]) zu beruhen.

J.	P.
(Theodericus) ad Ravennam regiam urbem castra componit, tertio fere milliario ab urbe loco, qui appellatur Pineta. Quod cernens Odovacer intus se in urbe communivit, indeque subreptive noctu frequenter cum suis egrediens Gothorum exercitum inquietat et hoc non semel nec iterum sed frequenter et pene molitur toto triennio... missa legatione veniam supplicat, cui et primum concedens Theodericus postmodum hac luce priravit.	Theodericus... dumque eo loco cui Pinetum nomen est non procul ab urbe castra posuisset, per continuum pene triennium Odoacrem obsedit, qui frequenter ex urbe cum suis egrediens, ejus exercitum inquietaret: novissime noctu in castra irruens, magna Theodericii exercitum strage prostravit. Victus ad extremum fortissime Gothis resistentibus in urbem confugit. Nec multo postea a Theoderico in fidem susceptus ab eo truculente peremptus est.

Mit dem Bericht des Jordanis ist die Nachricht von dem Ausfalle von Odovakar's nach Pineta, welchen der An. Cusp. und die Chronik — 641 in das Jahr 491 setzen, combinirt,

---

¹) cp. 57.

und zwar so, dass dieser Kampf ohne Rücksicht auf die Chronologie: „novissime" kurz vor der Uebergabe erzählt wird. Daher ist auch diese ganze Episode nach P. unbrauchbar.

Wir haben nun noch einige Stellen, welche vor dem Process des Arvandus liegen, zu betrachten. Diese sind ziemlich kurz gefasst, so dass man geneigt sein könnte, sie auf eine dürftigere Quelle zurückzuführen, auch für sie gilt, dass sie auf die Ravennatischen Aufzeichnungen zurückgehen.

Wir beginnen mit der Erhebung des Avitus [1]: recedente igitur ab urbe Genserico Romani insequenti mense exanitatae reip. imperatorem Avitum praeficiunt. Die Zeitbestimmung ist hier wieder gleichlautend mit dem An. Cusp. [2]. Den Tod des Avitus lässt P. in Italien erfolgen: exempto quoque in Italia humanis rebus Avito, wogegen ihn eine genaue Angabe Gregor's von Tours [3] nach Gallien versetzt. Den Tod des Kaisers Marcian erzählt P. auch in einer von allen anderen Berichten abweichenden Weise: At vero Marcianus imperator cum apud Constantinopolim VII annis regnum administrasset facta suorum conspiratione peremptus est. Jord. sagt in seiner Weltgeschichte [4]: in pace quievit, Cassiodor: Marciano defuncto, Marcellinus: Marcianus imp. orientis Constantinopoli moritur, der citirte Kaiserkatalog: communi letho defunctus est. Auch die byzantinischen Quellen wissen nichts von einem gewaltsamen Tode.

Der nun folgende Anfang des 16. Buches bis zur Thronbesteigung des Athemius zeigt durch die knappe Form am deutlichsten die Benutzung annalistischer Aufzeichnungen, wel-

---

[1] p. 98.
[2] z. J. 455. Et levatus est Maximus imp. XVI kl. Apr. et occisus est pridie id. Jun . . . . Et levatus est imperator in Gallia Avitus VI id. Julias.
[3] II, cp. 11. Avitus . . . a senatoribus projectus apud Placentiam episcopus ordinatur. Comperto autem quod adhuc indignans senatus vita cum privaro vellet basilicam Sancti Juliani Arverni martyris cum multis muneribus expetivit, sed impleto in itinere cursu obiit, delatusque ad Brivacensem vicum ad pedes antedicti martyris est sepultus.
[4] p. 239.

che sich nach Inhalt und Chronologie (letztere mit Uebergehung des Interregnums zwischen Anthemius und Severus), genau an den Anon. Cusp. anlehnen ¹). Nur die Feuersbrunst in Constantinopel hat einen anderen Ursprung ²). Auch hier fehlt es nicht an einzelnen Unrichtigkeiten. Die falsche Verwandtschaft zwischen den beiden Leo erscheint hier zum ersten Male und Severus stirbt „morte propria." Diese letzte Nachricht ist vielleicht wieder ein Ausweg zwischen zwei verschiedenen Angaben ³).

Bevor wir die wenigen Nachrichten, welche nicht ganz in den Rahmen der eben besprochenen Quellen passen, prüfen, gehen wir noch ein Stück weiter zurück, in das 14. Buch, in dem sich einige Spuren von kurzen Aufzeichnungen finden, welche nicht auf Auszügen aus den dort hauptsächlich benutzten Autoren Orosius, Jordanis, Prosper beruhen, sondern auch auf Ravenna hinweisen. Schon die Erklärung des Beinamens der Placidia, Galla, ist ein solcher kleiner Zug ⁴). Weit mehr noch tritt dies bei der Vermählung der Placidia mit Constantius und der Ernennung desselben zum Mitregenten hervor ⁵): Honorius Gallam Placidiam germanam suam Con-

---

¹) Für die Anschauung des P. vergl.:

Marcell. z. J. 457.	P. p. 98.
Leo eidem defuncto successit cujus voluntate Majorianus apud Ravennam Caesar est ordinatus.	Exempto.... humanis rebus Avito Majorianus apud Ravennam invadit imperium.

²) Sie geht auf Marcellin zurück, wie der Tod Majorian's. vergl. für diesen:

Marcell. z. J. 461.	P. p. 98.
Majorianus Caesar apud Dertonam juxta fluvium qui Hyra dicitur interfectus est.	M... quod cum propo annis IV obtinuisset haud procul a Dertonensi civitate juxta Iram flumen occisus est.

³) An. Cusp.: his conss. defunctus est imp. Severus Romae XVIII kl. Sept.

Cassiodor: his conss., ut dicitur Ricimeris fraude Severus Romae in Palatio veneno peremptus est.

⁴) p. 89. Gallam... quae ei Placidiam peperit cui postea de matris nomine Gallae cognomentum accessit.

⁵) p. 93. vergl. auch oben Jord.

stantio suo comiti fide integerrimo et ingenti viro jam dudum promissam magno cunctorum gaudio sociavit, ex qua Valentinianum filium Constantius genuit, qui postea reip. imperium gessit. und Honorius.... eum (Constantium) cunctis adnitentibus apud Ravennam in regni consortium ascivit, qui necdum septem mensibus evolutis ex hac luce subtractus est. Durch diese Nachrichten wird man unwillkürlich an Agnellus [1]) erinnert, wo er von Galla Pladicia spricht: et si vultis inquirere annologiam Maximiani archiepiscopi chronicam legite, ibi plura de ea et de multis imperatoribus et regibus invenietis. Nur herrscht gerade hier bei Agnellus [2]) in den Angaben grosse Verworrenheit, so dass wir einen Zusammenhang des Paulus mit ihnen nicht erweisen können.

Aus derselben Quelle stammen die folgenden Stellen: Sequenti tempore Maximus apud Hispanias factione Joviniani, qui tunc in re militari primus [3]) habebatur tyrannidem arripuit. Nec multo post superati utrique et capti ab Honorio exercitu eidem cum apud Ravennam tricennalia perageret praesentantur. Wie schon oben bei der Benutzung des Orosius bemerkt wurde, hat P. bei der Entsetzung des Maximus gegen seinen Gewährsmann den Tod desselben: egens obiit beigefügt und auch schon den Tod Jovinus erzählt: mox assurgens cecidit. Hier machen sie einen zweiten Aufstand. Prosp. Tiro [4]) kennt nur die Aufführung des Maximus bei dieser Feier in

---

[1]) Muratori SS. II, 1 p. 68.
[2]) a. a. O. Ipsa quoque Augusta postquam a quodam Athulpho relicta est, ab Honorio imp. Constantio in matrimonium data est, et post se quasi successorem imperator reliquit. Unoque anno Constantius post mortem Honorii gentibus imperavit, morbo correptus vitales auras amisit et reliquit filium modicum Gallae Valentinianum nomine. Cum bis ternos annos et quatuor tempora anni Valentinianus esset et divo Honorio patruo suo in imperium successit....
[3]) Prosp. chronic. integ. p. 645 sagt: Maximo.... vita esset concessa, eo quod modestia humilitasque hominis affectati imperii invidiam non merebatur.
[4]) z. J. 421. Maximus tyrannus de regno dejitur ac Ravennam perductus sublimem spectaculorum pompam triennalibus Honorii praebuit.

Ravenna. Jovinus ist möglicherweise von P. aus Jordanis [1]) herübergenommen. Der Begräbnisort des Honorius: juxta beati Apostoli atrium in mausoleo sepultum est wird nur von P. berichtet. Bei dem Tode des Theodosius II. erzählt dasselbe das chronic. Prosp. ex ms. Augustano [2]) gegen P.[3]), welcher von Theodosius sagt: apud Constantinopolim morbo consumptus obiit ibique sepultus est. Hierher gehört auch die Plünderung Ravennas [4]) durch das Heer, welches die Usurpation des Johannes niedergeworfen hatte und die Ernennung des Aetius zum Patricius [5]).

Wir kommen nun endlich noch zu denjenigen Stellen, welche mit oströmischen Quellen im Zusammenhange zu stehen scheinen. Es ist auch hier nicht genau zu bestimmen, woher sie genommen sind. Dass P. griechische Aufzeichnungen direkt benutzt haben sollte, ist nicht anzunehmen. Die Erwähnung der Feuersbrünste in Constantinopel im Jahre 465 [6]) und 509 [7]) und der Einfall der Bulgaren in Thracien [8]) liessen sich auf die Vermittelung Marcellin's zurückführen, nicht so die folgenden Nachrichten, in denen wir P. noch zuletzt in seiner combinirenden Tkätigkeit beobachten können. Es sind dies die Expedition des Basiliscus gegen Geiserich und die Bestrafung Aspar's [9]).

His quoque diebus Gensericus iterum Italiam adventare navibus cupiens a Basilisco patricio navali superatus certamine Carthaginem inglorius repedavit. At vero in orientis partibus Aspar patricius Leoni Augusto insidias moliens suum filium Caesarem effecit. Leo victorem exercitum cum novello Caesare alioque ejus germano digno vitae mulctavit excidio.

---

[1]) p. 238. Maximus et Jovinus de Hispaniis ferro vincti, adducti atque interfecti sunt.
[2]) Roncall I, p. 699.
[3]) p. 96, Ronc. I, p. 699. Theodosius cum magna pompa a Placidia et Leone et omni senatu deductus et in mausoleo ad apost. Petrum deportatus est.
[4]) p. 93. vergl. dazu Prosp. Tiro z. J. 425. Joanne ab exercitu Orientis victo et peremto Ravenna depraedatione vastata est.
[5]) p. 94.   [6]) p. 98.   [7]) p. 100.
[8]) a. a. O.   [9]) p. 98.

So wie P. den Sieg über Geiserich bringt, ist die Erzählung falsch. Der ganze Feldzug war von römischer Seite offensiv gegen Afrika, man wollte sich ein für allemal der Vandalen entledigen. Doch büsste Basiliscus seine anfänglichen Vortheile durch Unvorsichtigkeit wieder ein, nur ein Theil der Flotte rettete sich nach Sicilien [1]). Damit fällt auch das „victorem exercitum." Die Zurückberufung des Heeres wird durch Theophanes gestützt. Leo gewährt dem Geiserich Frieden, weil er der Hilfe des Basiliscus gegen Aspar bedarf [2]). Die Verschwörung Aspar's, welche uns P. erzählt, beruht auf einem sehr einfachen Misverständnis. Er nahm den Namen von Aspar's Sohne, Patricius, für den Titel des Vaters, wie er gleich darauf wieder thut, und machte aus der Ernennung desselben zum Cäsar [3]), indem er schon den Tod Aspar's im Auge hatte, eine Ernennung des Sohnes zum Cäsar durch den „Patricius Aspar."

Es sei mir hier noch eine Vermuthung erlaubt. Diese zuletzt angeführten Stellen stehen im Zusammenhange direct vor dem Kampfe zwischen Ricimer und Anthemius, sie zeigen, wenn auch zum Theil sehr verunstaltet, eine breitere Grundlage als die übrigen annalistischen Aufzeichnungen, und so wäre es wol denkbar, dass sie beide derselben Quelle angehören, deren Ursprung nicht in Ravenna liegt, zwar nicht nachzuweisen ist, aber weit eher in Rom zu suchen ist. Hierher würden dann wahrscheinlicherweise auch die Nachrichten gehören, welche eine so grosse Aehnlichkeit mit dem Bericht des Anonymus Valesii haben.

Endlich ist noch eine Notiz zu erwähnen, die mit der Longobardengeschichte gleiche Quellen hat. Es ist dies der Kampf Audoin's mit dem Könige der Gepiden, Turisend, in

---

[1]) vergl. Papencordt p. 102, Dahn I, p. 158. Dazu Theophanis Chron. ed. Bonnens. p. 179 u. p. 181.

[2]) Theophanes p. 181 χρῄζοντος τότε Βασιλίσκου καὶ Ἡρακλείου καὶ Μάρσου εἰς τὴν κατὰ Ἀσπαρος ἐπιβουλὴν u. p. 182 καὶ εἰ μὴ προλαβὼν ὁ Βασιλίσκος ἐκ τῆς ἀπὸ Σικελίας ἐπανόδου etc.

[3]) Theophanes p. 180. Τῷ γ' αὐτῷ ἔτει Πατρίκιος ὁ υἱός Ἀσπαρος, ὃν Καίσαρα ὁ βασιλεὺς Λέων πεποίηκεν διὰ τὸ ἑλκῦσαι τὸν Ἀσπαρα ἐκ τῆς Ἀρειανικῆς δόξης καὶ εὐνοεῖν τῷ βασιλεῖ.

welchem der junge Alboin den Sieg entscheidet. Der Grund, die Tödtung von Turisend's Sohne Turismod ist hier verschwiegen [1]).

Wenn wir uns nun, nachdem wir P. durch seine ganze Arbeit begleitet haben, über sein Verfahren Rechenschaft geben, so wird das Facit seiner brauchbaren selbständigen Nachrichten sehr klein ausfallen. Wir haben gesehen, wie er, oft sclavisch folgend, die Berichte anderer nur reproducirt und wie er Nachrichten bringt, welche sich durch andere, parallele stützen lassen. Wir haben aber auch beobachten können, dass er sonst gute Nachrichten frei umgestaltet und dadurch unrichtig oder halbwahr macht, ja selbst, dass er durch Combinationen eigene neue Nachrichten erfindet, haben wir erkannt, und so ist es erklärlich, wenn auf dem stets schwankenden Boden selbst anscheinend gute Nachrichten nur mit grosser Vorsicht zu gebrauchen sind. Es bleiben von selbständigen Angaben des P. nur die Landung der Vandalen an der kampanischen Küste im Jahre 455 [2]), die Episode des Kampfes zwischen Ricimer und Anthemius [3]), der Friede Westroms durch Orestes mit den Vandalen im Jahre 475 [3]) und vielleicht noch die Regierungszeit des Cäsar Constantius [4]). Alle übrigen Daten sind nach den directen Quellen, oder nach besseren als P. zu benutzen. —

Ein befriedigendes Gefühl nehmen wir immerhin von dieser Untersuchung mit, dass unsere Ueberlieferung noch im wesentlichen dieselben Hilfsmittel bietet, welche P. zur Verfügung hatte, dass also nicht zu viel von historischen Aufzeichnungen aus der von Paulus behandelten Zeit verloren gegangen sein kann.

Zum Schluss dieser Untersuchung sei es mir gestattet meinem hochverehrten Lehrer H. Prof. Waitz meinen aufrichtigsten Dank für die fördernde Theilnahme auszusprechen, welche er wie meinen Studien so insbesondere dieser Arbeit hat zu Theil werden lassen.

---

[1]) vergl. de gestis Longobardorum I, cp. XXIII.
[2]) p. 98.   [3]) p. 99.   [4]) p. 93.

Quellenanalyse.

Buch I.

Primus in Italia — reperisse.	vergl. p. 14.
quibus regnantibus — evoluti.	Hier. 213.
regnante tamen — appellavit.	vergl. p. 14.
Troja a Graecis — quadraginta sex.	Hier. 207, 208, 18. Or. 96.
capta igitur — appellavit.	vergl. p. 14.
Regnavit igitur — restituunt.	Hier. 213—277.
Romanorum — CCCC IV.	E. Or.
ante sex — Medorum	Hier. 288.
condito ergo — egit.	E.
condito templo — recepit.	E. Hier. 285 und vergl. p. 14.
Latini — effecit.	Jord. 225.
centum — senectutem.	E.
patres — nominavit.	Hier. 293.
mille tunc — appellavit.	vergl. p. 14.
tunc cum — rapuit.	E.
anno — mereatur.	Hier. 285.
commotis — cingunt.	E.
tunc et — constructum.	Hier. 290, 293.
Pepigere — coeperunt.	vergl. p. 14.
Remus denique — extinctus est.	Hier. 285.
causa — transilierit.	vergl. p. 14.
Romulus — completus est.	E. Hier. 293.
postea — cst.	E.
cum apud — regnaret.	Hier. 287.
qui bellum — anno.	E.
regnante — excogitavit.	Hier. 298.
huic successit — Hostilius.	E.
hic primus — regnante.	Hier. 295, 301.
hic bella — arsit.	E.
his temporibus — appellata cst.	Hier. 300.
post hunc — imperium.	E.
quo etiam — Hebraeos.	Hier. 308.
contra Latinos — periit.	E.
hoc tempore — nominata est.	Hier. 314.

deinde regnum — successerat.	E.
regnante — subversa est.	Hier. 314, 318, 320.
post hunc — ancilla	E.
regnavit — interpretatus est.	Hier. 321, 324.
hic quoque — imperium.	E.
quo tempore — metalla.	Hier. 324, 329.
Volscos — possideret.	E.
Tarquinii - sepultus est.	Hier. 332.
hinc consules — posset.	E.
eodem tempore — restituit.	Hier. 343.
sequenti anno — exercitum.	E.
jugumque — egit.	Or. 120.
anno — secuti etiam.	E.
demissa — deleverunt.	Or. 141.
urbem — conditor.	E.
circa — perhibetur.	Hier. 342, 350.

Buch II.

Anno — delatus est.	E.
his — conclusum est.	Or. 157, 158.
interea — factus.	E.
tunc siquidem — natus est.	Or. 161.
Latini — Apuliam.	E.
gentem — animosiores sunt.	Jord. 228.
denique — extinctus est.	Or. 167.
Romani — suscepere.	Or. 162.
omnium — invadit.	Jord. 228.
L. Papirius — vicerunt.	E. (Or. 179).
quorum — sustineret.	Or. 179, 180.
congressi — stravit.	E.
circa haec — construxit.	H. 356.
Samnites — confecerunt.	E.
ita — possit.	vergl. p. 14.
tum bellum — obtineret.	E.
Cineas — salutavit.	vergl. p. 14.
pax tamen — occisus est.	E.
apud — justo fuit.	Hier. 360.
dehinc — superari.	Or. 220.
C. Fabricio — Samnio	E.
tunc — invaditur.	Hier. 366.
eo tempore — descendit.	Or. 222.
M. Attilio — cepit.	E. (Or. 236, 237).

inter haec — miraculo fuit.	Or. 236, 237.
tunc — conjectus.	E. (Or. 238, 239).
hac — comparaverat.	Hier. 365.
M. Aemilio — erant.	E. (Or. 240, 241, 242).
Anno — vastavit.	Or. 242.
dum haec — ejus.	Hier. 367.
C. Lutatio — solveretur.	E.
Carthaginiensibus — talentorum.	Or. 244.
his — ministerio.	Hier. 369.
A. Lutatius — sublato.	E.

Buch III.

Finito — gestum est.	E.
Nam — apparuere.	Or. 250.
Carthaginienses — decretus.	E.
Gallorum — erexit.	Jord. 230.
Aliquot — Marcellus.	E.
deinde — spolia.	Frontin str. IV, 5, 4.
postea — perdomiti sunt.	E. (Or. 251).
Hac — extitit.	Hier. 369.
eodem — afficiuntur.	E. (Or. 252).
quibus — significavit.	vergl. p. 14.
hujus — effudit.	Jord. 231.
tum — Hasdrubale.	E.
igni — perierunt.	E. (Or. 252, 253).
diris — cecidere.	Or. 254.
Jgitur — fregit.	E. (Or. 255).
nam — obrueret.	vergl. p. 14.
Quingentesimo — vincuntur.	E.
Nam stravit.	vergl. p. 14.
in ea — Paulus.	E.
saucius — peremptus est.	Front. IV, 5, 5.
perierunt — quingenti.	E.
Varro — contendisset.	Or. 256.
Varro — opus esse.	Front. IV, 5, 6.
in omnibus — millia	E. (Or. 257).
post eam — detraxerat.	E.
deinde — superari.	Or. 258.
interea — elephanti.	E.
Centenius — cepit.	E. (Or. 263).
Anno — compulit.	E.
Hannibal — recessit.	E. (Or. 260).

in Hispania — prior.	E.
is enim — reduxit.	Or. 256, 257.
is Carthaginem — reddidit.	E.
denique — parentibus.	vergl. p. 14.
omnes fere — occisus est.	E. (Or. 265).
LVIII — revocata sunt.	Or. 265.
magnum — venit.	E. (Or. 266).
per idem claruit.	Hier. 369.
Q. Caecilius — coeperat.	E.

Buch IV.

Transacto — Nabidis.	E.
Romani — deleverunt.	Or. 270, 271.
transacto — redditus est.	E.
P. Scipione — liberatus est.	Or. 271, 272.
L. Cornelio — appellabatur.	E.
L. Baebius — amisit.	Or. 273.
Sp. Posthumius — sepultus est.	E.
eodem — edita.	Or. 274.
his quoque — historia.	Hier. 375.
Philippus — commendavit.	E.
Anno — evasit.	Or. 276, 277.
Insequenti — Carthaginem	E.
Carthaginiensibus — defendit.	Or. 277, 278.
Famea — missus.	E.
contra — tranquillatur.	Or. 281, 282, 279, 280.
spolia deleta est.	E.
ita — est.	Or. 282.
Scipio — vocaretur.	E.
eodem — dicuntur.	Or. 289—291.
nterim — putaretur.	E.
huic — superavit.	Or. 292.
deinde — interfici.	E.
eo tempore — Januarii.	Or. 299.
Q. Pompejus — vindicarent.	E.
cumque — protivisset.	Or. 301
post tantam — correxit.	E.
mox — praebuit.	Or. 301—304.
hac — scriptor.	Hier. 382.
igitur — egerat.	E.
interea — narrantur.	Or. 306, 307.
motum — sepultum est.	E. (Or. 309).

postea — obierat.	E.
his — extincta sunt.	Or. 311, 312.
L. Caecilio – interfecerunt.	E.
denique — perierunt.	Or. 319, 320.
praeda — strangulatus est.	E. (Or. 324, 325).
his — genere.	Hier. 387, 390.
eodemque – dissolutis.	O. 325.

Buch V.

Dum — XXXI.	E.
sed ab — necaverunt.	Or. 330, 331.
is — gessisset.	E.
in — secuta sunt.	Or. 335, 336.
Apud — insigne.	Hier. 390.
Anno — perdidit.	E.
Sylla — trucidari.	Or. 348, 349, 350 (E.).
Marium — fere CCC.	E.
post — interfectus est.	Or. 354.
hoc — oppressere.	Hier. 396.

Buch VI.

M. Aemilio — fugerunt.	E.
Vesuvium — necassent.	Or. 360.
pene — penetrabit.	E.
expugnavit — utebantur.	Or. 358.
inde — saeviret.	E.
et — praebuit.	Or. 381, 382.
hunc finem — obsedit.	E. (Or.).
non — narravit.	Or. 384, 385 (E.).
his — accessit.	E. (Or. 386).
expugnavit – recepit.	Or. 387—395.
domuit — rediret.	E.
et ex — missus est.	Or. 415.
propter — contentione.	E. (Or.).
cumque — direpta sunt.	Or. 420.
ipse — paravit.	E.
Caesar — cognitum fuit.	Or. 422, 423.
Caesar — Caesar.	E. (Or.).
Cato — occiderunt.	Or. 423, 424.
vir quo — vicerit.	vergl. p. 14.
eodem — defuturos.	Hier. 402.

Buch VII.

Anno — natus.	E.
patre — sortitus.	A. V. I.
Caesaris — interemit.	E. (Or.).
Cleopatra — collocans.	vergl. p. 14.
sibi — tenuerat.	E.
denique — adeptus est.	O. 440, 442.
His — Christi.	Hier. 403.
tunc — famulata est.	Or. 442, 443.
mullo — currerent.	E.
Adeo — moriretur.	A. V. I.
vir — fastigio suo.	E.
imperavit — abundasset.	A. V. I.
anno — fuerat.	E.
iste qui — meditatis.	A. V. II.
nusquam ipse — aetatis LXXIX.	E.
cum — direptae sunt.	A. V. II.
ipse — Campania.	E.
XXIII — crucifixus est.	O. 462, 463.
successit — consumpta est.	E.
denique — trucidavit.	Or. 472, 473.
Huic — Stadium.	E.
(quanta autem — confingere).	Zusatz der Pariser Ausgabe.
verum — sepultum.	E.

Buch VIII.

Anno — unice pius.	E.

Buch IX.

Post — relati sunt.	E.
et quibus — notaverit.	A. V. XXVIII.
post — interfecti sunt.	E.
e quibus — inveniri.	A. V. XXIX.
digno — excoxit.	Hier. 476.
mox — idoneus.	E.
Adversus — superfuerit.	A. V. XXXIV.
qui tamen — vicit.	E.
haud — instituit.	A. V. XXXV (E.).
superavit — malis.	E.
quem — regnaret.	A. V. XXXV.
Zenobiam — referri.	E.
Justus enim — parricidiorum.	Zusatz der Pariser Ausgabe.

imperavit — senuit.	E.
Qui — hausisse.	A. V. XXXIX.
inusitata — referretur.	E.

Buch X.

His — est potitus.	E.
Maxentium — puero.	A. V. XL.
non multum — occisus est.	E.
hic — appellans.	A. V. XLI.
eo tempore — studebat.	E.
Jovianus — studiosus.	A. V. XLIV.
ad — reservamus.	E.

Buch XI.

Anno — Valentinianus.	Or. 548.
e Pannonia — assumpsit.	Hier. 511.
hujus — illatum est.	A. V. XLV.
Qui cum — imperium.	Or. 548.
qui cum — creavit.	Or. 549 (A. V. XLV).
eodem — defluxit.	Or. 549.
Constantinopoli — extinxit.	Hier. 511.
Procopius — proscripti sunt.	Hier. 511.
per haec — oppresserint.	Or. 548 (Hier. 511).
Valens — effecti sunt.	Or. 548, 549, 550.
Valentinus — oppressus est.	Hier. 513.
Valentinianus — expiravit.	Or. 550 (A. V. XLV).
fuit — enituisset.	A. V. XLV (Hier. 511).
Anno — imperii.	Or. 550.
Hic — Gallam.	Jord. p. 238.
Valens — incommoda.	Or. 551 (Hier. 515).
interea — praebuit.	Or. 551, 552.
ea — imperavit.	Or. 552, 553.
denique — concrematus est.	Or. 553 (Hier. 517, Jord p. 238).
denique — igne.	Or. 554.
Gothi vero — servavit.	Jord. p. 238.
anno — regnaret.	Or. 554.
igitur — narrantur.	Or. 552.
hoc — repullulavit.	Hier. 515 (u. vergl. oben p 31).
eo tempore — Hieronymus.	Prosp. 637.
porro — percussit.	Or. 555, 556 (A. V. XLVII).
Athanaricus — tradidit.	Jord. cp. 28.

ac — transiit.	Or. 556.
at vero — expulit.	Or. 556 (A. V. XLVII).
Valentinianus — susceptus est.	Or. 556.
fuit autem — fuit.	A. V. XLVII.

Buch XII.

Anno — occidit.	Or. 557, 558 (A. V. XLVII).
hanc — praedixit.	Paulus vgl. vita St. Martini. Surius VI,
Valentinianus — inmmisit.	Or. 558, 559, 560. [p. 255.
nam — spoponderat.	Prosp. 641.
quem — venti.	Or. 560, 561.
huic — vescendi.	A. V. XLVIII.
hujus et — excepit.	vergl. oben p. 31.
huic — accessit.	Jord. p. 238.
Itaque — sepultum est.	A. V. XLVIII.

Buch XIII.

Anno — punitus est.	Or. 563, 564, 565, 567.
interea — luit.	Or. 567 (Jord. p. 238).
Stilico — venderentur.	Or. 567, 568, 569, 570, (J. cp. 30).
interea — incendunt.	Or. 567 u. Jord. cp. 30.
dato — factum est.	Or. 573, 575, 576.
deinde — extinguunt.	Jord. cp. 30.
regem — copulavit.	Jord. cp. 31.
quae — confirmaret.	Or. 585.
interea — puniti sunt.	Or. 571 (576), 572.
eodem — fovere.	Or. 575, 576, 577, 578.

Buch XIV.

Igitur — misit.	Oros. 581 (Jord. cp. 32).
is — redditur.	Or. 581, 582, 583.
in qua — Augustinus.	Beda 26 (Prosp. 649).
interea — pereamus.	Or. 585, 586 (Jord. cp. 32).
his itaque — gessit.	vergl. p. 60.
hoc in — vicinas.	Prosp. 651.
cernens — subtractus est.	vergl. p. 60.
his — migravit.	Prosp. 651.
sequenti — praesentantur.	vergl. p. 61.
hac tempestate — fugant.	Beda 26.
hoc — extitit.	Prosp. 651.

Castinus — gessit.	Paulus.
inter — profecta.	Prosp. 651.
a Theodosio — suscepta.	Paulus.
Honorius — sepultum est.	vergl. p. 57 u. 62.
huic — migravere.	Jord. cp. 30.
fuit — quieverunt.	Paulus (? !).
exempto — arripiunt.	Prosp. 651, 653.
quorum — favissent.	vergl. p. 62.
Castinum — dirigitur.	Prosp. 653, 655.
Bonifacius — intromisit.	Jord. cp. 33.
qui cunctam — perrexit.	Beda 26.
eodem — obtinuit.	Prosp. 657.
nec multo — adeptus.	vergl. p. 62.
post eam — revertitur.	Prosp. 659, 661, 663, 665.
sub his — corruerint.	vergl. p. 54.
Britanni — subegit.	Beda 26, 27.
At vero — sepultus est.	vergl. p. 11 u. 62.

Buch XV.

Anno — adscribuntur.	Paulus.
igitur — fuisset.	Prosp. 665, 667.
interea — devastaret.	Jord. cp. XLIII u. p. 239.
Bledam — compulit.	Prosp. 667.
fultus — feruntur.	Jord. cp. 36, 37, 38.
Attila — protrivit.	Paulus vergl. p. 16.
deinde — occubuit.	Jord. cp. 37, 40, 41.
in quo — superatum.	Prosp. 671.
qui cum — consumit.	Jord. cp. 40, 41 42.,
fuerat siquidem — terminavit.	Paulus vergl. p. 34, Anm. 7.
plura — accessit.	Jord. 42.
qui cum — explesset.	Legende (lib. pont. Leo I).
igitur — transmisisset.	Jord. 42.
qui reversus — solet.	Jord. 49.
dum haec — refugeret.	Beda 26, 27.
igitur quia — peremit.	Prosp. 673.
ita vir — relevari.	Beda 27.
sed — abductae sunt.	Jord. p. 239 u. Prosp. 675.
capta — evolutis.	Paulus p. 11.
relicta — regressus est.	Gregor's dialoge III, 1.
Valentiniani — regnavit.	Paulus vergl. p. 33.
recedente — praeficiunt.	vergl. p. 59.
Visigothae — invadunt.	Isidor 455 (?).
At vero — peremtus est.	vergl. p. 59.

Buch XVI.

Anno — excidio.
hoc denique — revocavit.
deinde — ordinavit.
eo tempore — firmata sunt.
haud — exstinctus est.
exigit — appellati.
Leo igitur — dignitatem.
Leonem — vixit.
ipso quoque — patricio.
Haec dum — potestatem.
ingresso — potestatem.
Augustulus – intravit.
Sed ut — occurrit.
Quem — invadit.
Odoacer — pervenit.
ubi dum — cuneis.
ad Odoacris — peremtus est.
egressis — reduxit.
Igitur — incendio.
At vero — potirentur.
Theodericus — fuerit.
Zeno itaque — accepit.

annal. Aufz. vgl. p. 59, 60, 50, 62, 63.
vita Epiph. p. 1659 ff.
annal. Aufzchgn. vergl. p. 50—55.
vita Epiph. p. 1665 ff.
Jord. p. 239.
Jord. cp. 27 u. Paulus vergl. p. 37.
vergl. p. 50.
Isidor 455.
annal. Aufz. vergl. p. 55 u. 56.
Jord. p. 239 u. cp. 46 u. vita Severini
vita Epiph. p. 1669 ff. [Acta SS. 8.
annal. Aufz. u. Jord. 239 [Jan. p. 488.
Jord. cp. 53, 55, 56, 57. Ennod. Paneg.
Paneg. Enn. 1602—1604. [1598—1602
annal. Aufzchgn. vergl p. 57.
vita Epiph. p. 1673, 74.
annal. Aufzeichnungen vergl. p. 58.
vita Epiph. p. 1674, 75.
annal. Aufz. vgl p. 56, 63 u. Marcellin.
Beda 28.
Jord. cp. 58.
annal. Aufz vergl. p. 11.

Buch XVII.

Cessante — extitit.
hic — maculavit.
hujus — extinguerent.
eo — destitit.
inter — suscepit.
Theodericus — construxit.
Anastasius — subsecuta est.
nam — heretico.
Justinus — solidavit.
eo — dextitutae
At vero — trucidavit.
his — constituit.
Joannes — defunctus est.
cujus — demergi.
igitur — praeficiunt.
At vero — quievit.
anno — principatum.
qui — ingressus est.

Paulus (u. annal. Aufz.).
Beda 28 (lib. pont. Hormisda).
lib. pont. Symmachus.
Beda 28 (lib. pont. Sym.).
Isidor 456.
annal. Aufz. vergl. p. 52.
lib. pont. Hormisda.
lib. pont. Horm. (u. annal. Aufzgn·
lib. pont. Hormisda.
Isidor 457 (Beda 28).
lib. pont. Joannes (Beda 28).
Jord. cp. 58.
Beda 28 (lib. pont. Joan.).
Gregor's Dialoge IV, 30.
Jord. cp. 59.
}annal. Aufzchgn. vergl. p. 12.
annal. Aufz. (Jord. p. 241).

interea — exarsit.	Jord. cp. 59.
Sentiens — obiit.	lib. pont. Agapetus.
interea — rocopta est.	Beda p. 28.
porro — obtulit.	lib. pont. Silver. u. Vigilius.
his — peperit.	Paulus.
at — actus est.	lib. pont. Vigilius.
capto — jugulatus.	Jord. p. 242.
dehinc — proficiunt.	lib. pont. Vigilius.
moxque — invadunt.	Jord. p. 242·(Dialog. II, 15).
exinde — filiis.	Gregor's Dialoge II, 15. lib. pont. Vi-
hanc ille — contulit.	Gregor's Dialoge II, 15. [gilius.
elapsi — reduxit.	lib. pont. Vigilius.
Quia — promenda sunt.	Paulus (Dialoge II, 15).

Druckfehler.

p. 7. Anmerkungen lies überall Fabricius st. Fabricus.
p. 16. Zeile 17 lies Anhang st. Anfang.
p. 19. Anm. 4 lies Cantabr. st. Catabr.
p. 21. Anm. 1 lies unter B. p. 33, 2. Zeile multa st. nulla.
p. 22. In ders. Anm., Zeile 4 lies in oratione st imminoratione.
p. 29. Zeile 3 lies unmöglich st. möglich.